BOTSCHAFT DER PLEJADEN

Gespräche mit Electra 1

ISBN: 9798838213297

Inhaltsverzeichnis

Vorwort

Wie eine Sternschnuppe und eine blendende Energie, jedoch mit beruhigender Stille kennzeichnen das Kommen von Electra. Nachdem sie sich mit überirdischer Lichtgeschwindigkeit aus dem Licht heraus materialisiert hat, steht ein mysteriöses Wesen, mit den schönsten Augen, die man sich nur vorstellen kann, in einem hellen Lichtkreis vor dir. Ein Ausbruch in den Wolken und eine scheinbare Verlangsamung der Zeit markieren das Kommen von Electra. Ihr Blick richtet sich für einen Moment auf dich, und du hast das Gefühl, Zeuge der intensivsten Schönheit zu werden, die du jemals erlebt hast. Ein Schmetterlingsgefühl im Bauch überkommt dich. Sie bewegt sich mit schwebender Anmut und ihre pulsierenden Lichtflügel lassen das Plejadenwesen noch imposanter wirken. Ihr Erscheinen fühlt sich so an, als würdest du dich verlieben, man kann nicht anders, als sich intensiv emotional zu fühlen. Electra strahlt eine Ewigkeit aus, was dazu führt, dass du dich vollständig beruhigst. Du fühlst dich plötzlich von pulsierender Energie umgeben, und schaust in ihr sanftes Gesicht. Das glorreiche Plejaden-Wesen sieht dich mit durchdringenden, aber dennoch gutmütigen Blicken an. Aus der Finsternis bringt sie Licht, wie ein Leuchtfeuer in der Dunkelheit und ein Licht der Hoffnung. Sie hat etwas Faszinierendes an sich, vielleicht ist es ihr Wesen oder einfach ihre Sanftheit, oder ihr Sinn für Gerechtigkeit. Es erscheint mir alles wie eine ungewöhnliche Allianz: Ich, die einfache Erdenbürgerin

Gaias, die mit einem Lichtwesen und einer Bewohnerin der Plejadensterne in Kontakt tritt. Doch sie sind uns Menschen der Erde, sehr ähnlich. Die Gesellschaft der Plejadier, ist u. a. auf dem Glauben an unsere gemeinsame Vergangenheit aufgebaut und dreht sich um inneren Frieden, Vermeidung von Bösem und gegenseitige Hilfe und Respekt. Ihre Lehren wurden vor Äonen von Erzengeln aufgeschrieben, die noch heute in der Kristallbibliothek Laniakeas aufbewahrt werden. Diese Engelslehren markierten den Beginn jeglicher menschlicher Zivilisationen im Universum, von den es so viele wie Sand am Meer gibt. Die Plejadier gehören heute zu den am weitesten entwickelten Gemeinschaften an Menschenrassen in der gesamten Galaxis und waren schon immer wachend in unserer Nähe, um unsere Entwicklung zu beobachten. Doch sie greifen nur mit spirituellen Ratschlägen ein, alles andere wäre ein Verstoß gegen das universelle Gesetz des freien Willens. Ihre wichtigsten Lehren drehen sich darum, einander und der Gemeinschaft zu helfen, und diese Lehren werden oft durch Treffen in ihren Kristalltempeln mit ihren religiösen Führern weitergegeben. In diesem Buch, erfährst du einige der Ratschläge und Inhalte dieser Treffen, die natürlich auch für uns Menschen Gaias angewandt werden können. Dies ist der Beginn meiner Kommunikation mit Electra. Bevor es losgeht, bitte ich dich herzlichst, dir kurz Zeit zu nehmen, und das Buch auf Amazon mit ein paar Plejaden Sternen zu bewerten und ein kurzes "Namaste" dazuzuschreiben. Und jetzt wünsche ich viel Spaß beim

Lesen und wünsche dir, liebe Lichtseele, ein fröhliches Erwachen.

֍Kontaktaufnahme֍

Merksam: Liebe Electra, ich bitte um Kontaktaufnahme mit folgendem Anliegen: Ich habe Angst vor den jetzigen Veränderungen und weiß nicht mehr, wer ich wirklich bin, und möchte den Sinn und Zweck meiner 3D-Inkarnation erfahren und wissen, was mich alles in der lange ersehnten 5D Ebene erwartet.

Electra: Vielleicht glaubst du, dass die Veränderungen, die du innen und außen bemerkt hast, nur ein Teil der Gesamtheit sind, die du bist. Das ist sowohl richtig als auch falsch. In der 3D-Realität wird von dir erwartet, dass du auf bestimmte Weise alterst, mit einigen Variationen von Person zu Person. In deiner neuen 5D Welt gibt es jedoch keine Erwartungen in Bezug auf physisches Wachstum oder Alterung in dir. Jeder entwickelt sich auch einzigartig. Wir von den Plejaden können dir nicht sagen, wann du aus der spirituellen Pubertät oder irgendeinem anderen Stadium herauswachsen sein wirst, denn das liegt ganz bei dir. Obwohl wir in unseren vergangenen Kommunikationen angedeutet haben, dass du dich bald über dich selbst hinaus entwickeln wirst, ist dies eine eher allgemeine Aussage, die natürlich auf viele Menschen wie dich zutrifft. Denn wir wissen nicht, ob Aspekte deiner aktuellen Aktionen Teil deines neuen Seins sein werden. Dies ist keine einfache Zeit für dich oder die Gesellschaft der

Erdenbürger. In der 3D-Realität ist die Gesellschaft aber das wichtigste Element. Sogar diejenigen, die soziale Regeln negieren, passen sich in gewisser Weise an, weil sie wissen, dass sie sonst alles riskieren. Diese Menschen haben keine Ahnung, was die Auswirkungen Ihrer Handlungen sind, denn die Welt scheint sich in alle Richtungen zu bewegen. Gestern beliebte Konzepte sind heute bereits oft Schall und Rauch. Was beliebt ist, scheint sich von Minute zu Minute zu ändern. Es gibt keine gesellschaftlichen Gegebenheiten mehr, auch wenn diese vielleicht schnell mit der scheinbar passenden politischen Sichtweise oder sozial günstigen Haltung reagieren. Trotzdem stimmen einige Teile dieser Haltung nicht mit deinem inneren Wesen überein. Es gibt kein sicheres Glaubensmuster mehr, das vollständig zu irgendjemandem passt. Gibt es niemanden, der genauso glaubt wie du? Bist du mutig genug, ohne Unterstützung auszukommen? Dies sind Fragen und Gedanken, die dich wahrscheinlich stören, denn du bist es nicht gewohnt, alleine auf weiter Flur dazustehen. Wir von den Plejaden werden dir jetzt aber ein kleines Geheimnis verraten. Es hat noch nie eine Erdenzeit gegeben, in der ein Konzept von allen vollständig akzeptiert wurde. Aber weil die menschliche Gesellschaft mit ihren fehlgeleiteten Ideologien leider immer die Grundlage für das Handeln war, wurden oft genügend absurde Ideen von Führern, kleiner, aber sehr lautstarker Minderheiten begrüßt. Auch wenn du dich alleine fühlst, musst du „Nein" sagen lernen. Du bewegst dich über soziale Sitten hinaus auf deinen einzigartigen Weg. Etwas, das sich noch nicht wohl anfühlt.

Nicht weil es falsch ist, sondern weil es neu ist. Ähnlich wie deine Gefühle am ersten Tag eines neuen Jobs. Du hast noch nicht den richtigen Rhythmus für diese neue Welt entdeckt, also fühlst du dich ignoriert, alleine und möglicherweise verängstigt. Auch dein physisches Wesen verändert sich. Vielleicht bemerkst du neue Muster in deiner Körperlichkeit, vielleicht auch nicht. Aber im Moment bist du am meisten besorgt über deine sozialen Verbindungen oder deren Fehlen. Viele von euch Menschen der Erde sagen, dass sie die Gesellschaft jahrzehntelang ignoriert hat und es daher gewohnt sind, auf sich alleine gestellt zu sein. Sie haben Ihre Unabhängigkeit von bestimmten Aktivitäten oder Personen erlernt. Aber jetzt haben Sie keine Ahnung, was Ihre Unabhängigkeit bedeutet, denn es gibt keine klaren sozialen Sitten mehr auf der Erde, alles scheint Kopf zu stehen. Vielleicht wissen viele Menschen, wogegen Sie sind, aber nicht, wofür Sie sind. Dies ist ein Zeitalter einzigartiger Gedanken und Taten. Ihr befindet euch mitten in einer kurzen, aber unangenehmen Eingewöhnungsphase in ein neues Zeitalter. Bald werdet ihr andere finden, die euren Überzeugungen genug zustimmen, damit ihr noch mehr an Stärke gewinnt.

Schicksal der Erde

Merksam: Was widerfährt dem Planeten Erde zurzeit?

Electra: Alles entsteht aus der unendlichen Einheit. Alles Leben hat eine Quelle. Die Schöpfung zieht alles Leben in einen höheren Ausdruck und Wiedervereinigungen im Bewusstsein. Wir erinnern euch daran, dass dies auch euch, ja eurer ganzen Welt, widerfährt. Nicht weil du das nicht weißt oder es vergessen hast, sondern um dir Kraft zu geben und dir zu helfen, dich zu konzentrieren und auf eine Weise zu leben, die dich jetzt unterstützt und dich dabei unterstützt, höheres Licht zu verkörpern. Alles Leben auf der Erde bewegt sich zu einem neuen Ausdruck, und während es das tut, wirst auch du in diesen Energieimpuls hineingezogen, in einen neuen und höchsten Ausdruck des Seins. Die Sonnenaktivität war in letzter Zeit auch sehr hoch, das hilft auch dabei, euch in eine neue Art des Seins zu führen und euch selbst und alles Leben besser zu erkennen. Die inneren Veränderungen, die ihr spürt, können zunächst verwirrend sein. Die Dinge mögen sich festgefahren haben oder sich wie „in der Warteschleife" anfühlen, und dennoch entwickeln sie sich in Wahrheit einfach weiter. Und wenn eine Veränderung im Gange ist, muss diese Veränderung integriert und verankert werden. Neue Energievorlagen, also Erinnerungs-Codes in dir, sterben durch die neue eintretende Energie und durch deine neuen Seinszustände. Die neuen Kapazitäten verändern alle dein Leben und wie du dich selbst als Bewusstsein erlebst. Begrüße aber dein neues Selbst. Das wird dir helfen. Es wird dir ein Gefühl von Verständnis und innerem Frieden geben. Das, was veraltet ist, was nicht mehr mit dir ist und das, was du entdecken wirst, befindet sich ebenfalls in einem Veränderungsprozess. Ein Prozess, in dem sich Energie neu organisiert und zu unendlicher formloser Tatkraft als Potenzial zurückkehrt. Du wirst in einen höheren Ausdruck gehoben, wenn du dies beabsichtigst, wenn du dich dafür öffnest und wenn du dich der göttlichen Ordnung und dem höheren Willen hingibst. Lass dich von dieser Energie leiten. Im Moment gibt es für dich keine Notwendigkeit, irgendetwas Besonderes zu tun, denn diese Energie wirkt sich auf alle und alles aus. In der gleichen Weise, wie ihr das Sonnenlicht jeden Tag als gegeben erlebt, so ist das Folgende auch eine gegebene Tatsache: Das Leben entwickelt sich kontinuierlich zu einem höheren Ausdruck in eurer Welt, so gut es kann! Das Leben, wie ihr es kennt, entwickelt sich weiter. Das passiert mit allem. Das kollektive Bewusstsein bewegt sich immer mehr. Die Menschen der Erde sind sich nicht sicher, wie sie mit diesem Verständnis fortfahren sollen, denn anfangs fühlen sich viele dadurch oft verletzlicher. Sie leiden und kämpfen und machen sich Sorgen um ihr eigenes Leben und über das, was mit ihnen passieren könnte. So viel in eurer Welt, was vormals grundlegend gewesen ist, hat sich jetzt als Wegsehen von Leiden oder Schwierigkeiten herausgestellt. Viele Menschen haben versucht, ihr Leben zu kontrollieren, um weniger wünschenswerte Erfahrungen zu verhindern. Oder hielten an dem Glauben fest, dass nichts Schlimmes passieren wird. Und so haben auch manchmal Menschen, die darauf abzielen, ihr Leben bewusst zu gestalten, von dem weggesehen, was sich für sie nicht gut anfühlte. Sie haben sich dadurch aber mitschuldig gemacht und mit Karma belastet. Das Leben selbst zerschmettert aber diese

Einstellung, weil das Bewusstsein der Einheit stark und klar in allem aufsteigt. Das Gefühl der Verwundbarkeit und das Gefühl, die Verantwortung zu übernehmen, wächst überall auf der Erde. Man kann ja gut sehen, wie sich diese Spannung in der Welt abspielt. Einige haben die Wahrheit in sich erkannt und in ihrer Annahme Solidarität, Freude, mehr Leichtigkeit und ein Gefühl der Zugehörigkeit gefunden. Andere spüren die Dynamik eines sich öffnenden und lauten globalen Bewusstseins und haben Angst, weil sie es nicht gewohnt sind, auf diese Weise zu leben. Aber viele Menschen leben ihr Leben, indem sie Gewalt anwenden, um die Seinszustände zu erreichen, die sie sich wünschen. Im Folgenden ist diese Verschiebung in eurer Welt eine Verschiebung hin zu einer inneren Neu-Orientierung und einem Bewusstsein der vereinten Ganzheit. Wie alle Veränderungen, die den freien Willen betreffen, können Menschen sich dafür entscheiden, in der Vergangenheit zu leben, oder bewusst auf eine bessere Zukunft hinarbeiten. Ihr müsst beginnen, das Leben in einem physischen Körper auf der Erde als begrenzt anzusehen und die falsche Meinung loswerden, dass euer eigenes Wohlbefinden geringer ist, wenn andere Menschen mehr haben als ihr selbst. Die Welt erhebt sich zu neuen Ausdrucksformen und ein Teil davon ist, dass das hereinkommende, höhere Licht und die Energie sehr viel mehr offenbaren, als ihr denkt. Die immense Zwietracht und die vielen Konflikte sind nicht mehr so gut verborgen und offensichtlich für jeden. Die häufige Gewaltanwendung, Betrug, Machtgier und der Wunsch, auf

Kosten anderer zu kontrollieren, hat immens zugenommen. Diese Lebensweisen waren aber schon immer Teil eurer Welt, aber sie sind jetzt weniger verborgen, da mehr Licht und Klarheit vorhanden sind und sich ständig ausdehnen. Erkenne, dass diese Klarheit und die Erleuchtung von Leiden und Schwierigkeiten, Teil des Lichts sind, das sich in eurer Welt ausbreitet. Es ist Teil des Erwachungsprozesses. Trennungsmuster werden zunehmend sichtbar. Das kann sich sehr beunruhigend anfühlen. Tut, was ihr könnt, um zu sehen, was offenbart wird, und wisst, dass all dies tatsächlich die Evolution eurer Welt und eures Bewusstseins antreibt. Wir sagen euch klar: Die göttliche Einheit darf nicht länger geleugnet werden. Die Menschheit hat sich kollektiv auf Seelenebene dafür entschieden, in ihren nächsthöheren Ausdruck aufzusteigen, und zwar über die Trennung hinaus und in ein Bewusstsein der göttlichen Einheit. Es funktioniert nicht mehr, zu versuchen, Menschen zu unterdrücken. Informationen werden leichter geteilt und immer mehr Menschen wissen, was mit anderen passiert. Eure Gewohnheit, die menschliche Familie zu übersehen, die planetarischen Auswirkungen von Entscheidungen zu übersehen, nimmt deutlich ab. Denke daran, dass dein eigener Frieden immer in dir selbst liegt. Ihr könnt euch und dem Kollektiv in dieser Zeit aber helfen, indem ihr friedlich, ruhig und zentriert seid. Es geht darum, sich um seine geistige Gesundheit, seine Chakren und sein eigenes Wohlbefinden zu kümmern und auch darum, dass man ein verfügbarer Kanal für höheres Licht ist. Das Bewusstsein in eurer Welt dehnt sich durch die

Integration von höherem Licht enorm aus. Höheres Licht und höherfrequente Energie kommt in euer Erden-Reich und ihr erlebt dies als Energiezufuhr in eurem menschlichen Energiesystem. Der Planet Gaia erhält natürlich ebenso höheres Licht. Die Präzession der Tagundnachtgleichen und der Sonnenwenden sind alle evolutionärer Natur, sie unterstützen und treiben die Evolution in eurer Welt voran. Offenheit für das hereinkommende höhere Licht und eure Bereitschaft, einen Zustand zentrierter Ruhe zu kultivieren, kommt euch und allem Leben zugute. Dein Geist und deine Gedanken sind mächtige Filter für deine Erfahrung. Diese zu öffnen, bereit zu sein, die Dinge neu zu sehen, bereit zu sein, die angeborene Göttlichkeit auch in den schwierigsten Erfahrungen oder Einsichten und neuen Informationen zu erkennen, ist Heilung. Deine Anwesenheit kann heilsam sein, indem du einfach anerkennst, dass das Leben auf der spirituellen Ebene alles eins ist. Gott ist alles. Göttlichkeit ist angeboren und in allem gegenwärtig. Auch wenn es von euren Machthabern negiert und verweigert wird und von den meisten Menschen ignoriert wird. Selbst wenn man sich dafür entscheidet, im Widerspruch zu den inneren Strömungen der Klarheit und Führung zu handeln. Alles Leben ist eins und alles Leben ist göttlich. In eurer Welt kann man das ignorieren und leugnen, aber es braucht Energie, und die Energie, die dies kostet, nimmt kontinuierlich zu. Menschen, die ihre Erfahrung kontrollieren wollen, die in Angst leben und Macht suchen, schließen sich zusammen, weil es weniger Arbeit ist, als das innere Gewahrsein dessen zu unterdrücken, was sie zur Liebe und Wahrheit ruft. Jeder Mensch wird von innen durch alles, was er ist, angetrieben. Vertraue darauf, dass das Leben selbst erwacht und tue, was du kannst, um so zu sein, wie du bist, ein Wegbereiter, ein Wahrheitsträger, eine Präsenz von Liebe und Ganzheit in einer erwachenden Welt. Besucht eure inneren Verbindungen und sucht nach Liebe, nach Inspiration, nach Hoffnung, um weiterhin offen und verfügbar zu sein für die hereinkommenden Ströme höheren Lichts. Versammelt euch mit anderen Gleichgesinnten, die Ihre Hingabe an die Wahrheit, an die Liebe, an die Einheit mit euch teilen. Ruft eure engelhaften, außerirdischen und anderen Familien des Lichts an. Erkennt und verbindet euch mit der natürlichen Welt und den besonderen Aspekten der Schöpfung, zu denen man eine natürliche Affinität hat. Das Leben vibriert in Schwingungen und kennt dich. Du weißt, welche Aspekte des Lebens zu dir sprechen und dir tiefe Freude und inneren Frieden schenken. Mache es dir zur Priorität, dich regelmäßig auf diese Weise zu verbinden. Sei großzügig mit dir selbst und lass dich von allem erheben, was dein Herz höher schlagen lässt. Bitte das Universum um die große Unterstützung, die immer für dich da sein wird, und öffne dich dafür. Drücke deine Dankbarkeit für alles aus, denn alles bringt das ganze Leben voran. Du bist jetzt hier, weil du dich dafür entschieden hast. Vertraue dir daher immer selbst und allem Leben.

ﻉ Karma und Schicksalsschlag ﻉ

Merksam: Manchmal verstehe ich das Gesetz von Ursache und Wirkung nicht. Ich versuche ständig Gutes zu tun, um mein Karma auszugleichen, aber auch, weil es mir ein echtes Anliegen ist. Dennoch habe ich so viele harte Schicksalsschläge.

Electra: Das universelle Gesetz von Ursache und Wirkung besagt, dass jede Ursache eine Wirkung erzeugt oder jede Aktion eine Reaktion hat. Dieses Gesetz ist besonders wichtig, wenn wir mit Energie arbeiten, weil es uns daran erinnert, dass Energie nicht wertend oder diskriminierend ist, sondern einfach darauf reagiert, das Ergebnis zu manifestieren, das die Ursache widerspiegelt. Wir sehen dieses Gesetz jeden Tag in unserem Leben, überall im Universum, weil alles in unserem Leben, jede Situation, jede Person, jede Beziehung und jedes Ereignis eine Wirkung oder ein Ergebnis ist, das geschaffen wurde, als wir bewusst oder unbewusst Energie auf irgendeine Weise bewegten. Auf den Planeten, wo wir menschlichen Spezies der Galaxis angesiedelt sind und in unserem Leben sind wir immer die Ursache und alles, was wir erleben, ist eine Wirkung aus unserem Handeln. Dieses Gesetz ist sehr einfach und bestimmt, wie wir mit der Welt interagieren. Es ist möglich, die Wirkung zu ändern, wenn wir die Ursache ändern, aber bevor wir diese Änderungen vornehmen können, müssen wir auch verstehen, was die Ursache ist. Das heißt, was energetisch und schwingungsmäßig in uns geschah, um das Ergebnis zu schaffen, das wir haben. Und dazu müssen wir unter die Oberfläche sehen, denn alle Energie erschafft, ob wir uns bewusst sind, dass wir diese bestimmte Energie haben oder nicht. So schaffen wir immer ein Ergebnis mit jedem Gedanken, Glauben und Wort. Und wir erschaffen auf der Ebene unserer niedrigsten energetischen Schwingung, egal wie unbewusst wir uns dessen sind, oder wie sehr wir etwas anderes wollen. Ich höre oft von verschiedenen Kontaktlern: „Ich möchte dies und jenes tun, aber ich glaube nicht, dass ich es kann“ oder „Ich möchte dies oder jenes, aber ich kann es mir nicht leisten“. Während diese Menschen sich also eine Absicht für eine Sache setzen, heben sie sie mit ihrem nächsten Gedanken wieder auf. In diesem Fall passiert nichts, weil sie die Ursache in einem einzigen Satz geschaffen und negiert haben, sodass es kein Ergebnis oder keine Wirkung geben kann. Sie werden sich festgefahren fühlen und sich wundern, warum sich nichts ändert, weil sie der Energie nicht erlauben, sich zu bewegen. Unsere tiefsten Ängste bewegen genauso viel Energie wie unsere größten Träume, und wenn wir ein Ergebnis nicht energetisieren können, können wir es nicht erschaffen. Jede Energie, die wir tragen, ist in unseren Gedanken und Handeln enthalten. Wir müssen uns unserer Zweifel und Ängste bewusst sein und uns zuerst mit ihnen auseinandersetzen, bevor wir unsere Absichten für unsere Realität festlegen. Glauben wir, dass wir eine bestimmte Sache haben können? Glauben wir, dass wir es verdienen oder es wert sind? Können wir uns das vorstellen und vertrauen wir auf unsere Fähigkeit, ein Schöpfer zu sein?

Glauben wir, dass das Universum wirklich unser Partner ist? Jeder Angst wird das gleiche Gewicht beigemessen. Indem wir unsere Ängste ansprechen, entfernen wir sie von der Ursache und befähigen das Ergebnis, unsere Größe und Göttlichkeit widerzuspiegeln. Energetisch ermächtigt zu sein, ist keine Zeit, klein zu denken. Wir können große Träume haben und wir müssen unsere Träume mit großen Gedanken stärken.

ღ Der richtige Zeitpunkt ღ

Merksam: Was sind die wichtigsten Zeitpunkte in meinem spirituellen Erwachen?

Electra: Jeder wache Moment unseres Lebens passt zu einer persönlichen Geschichte, in deren Mittelpunkt unser eigenes Selbst steht. Unser Leben kann nur im Rahmen dieser Geschichte interpretiert werden. Der Grund dafür ist, dass wir uns mit der Stimme des Egos, dem Erzähler unserer eigenen Geschichte, so sehr identifizieren, dass unsere persönliche Geschichte zur Grundlage unseres gesamten Lebens wird. Das bedeutet, dass wir uns mit einer Form, z. B. unserem Namen, identifizieren, obwohl dieser ursprünglich nicht zu uns gehörte, denn wir werden alle ohne Namen geboren. Aber die Identifikation durch Namen ist dennoch Teil unserer Existenz geworden. Ein Blick auf diese persönliche Geschichte zeigt, dass unsere innere Geschichte aus einem Gewebe von Erfahrungen und Gedanken besteht. Gedanken, die unsere Erfahrungen erklären, Gedanken, an die wir glauben und mit denen wir uns identifiziert haben, Gedanken, die unsere Selbstbestimmung begründen. Unsere persönliche Geschichte hält uns in ihrem Bann, in einem hypnotischen Zustand, in dem unsere ganze Aufmerksamkeit der inneren Stimme und der Geschichte, die sie erzählt, gewidmet ist. So geben wir unsere Wachsamkeit auf. Die Welt zieht an uns vorbei, weil wir uns nur auf die Elemente der Realität konzentrieren, die unsere persönliche Geschichte zu bestätigen scheinen. Dadurch verlieren wir den Zugriff auf die tieferen Dimensionen des Lebens. Die tieferen Dimensionen sind in unserem Leben vorhanden, aber wir verlieren den Kontakt zu ihnen. In uns mag die Frage aufkommen, ob wir wirklich mit unserer eigenen persönlichen Geschichte identisch sind, oder wir vielleicht mehr als das sind? Jeder hat einen vagen Verdacht, dass unsere persönliche Geschichte nicht die wahre Realität widerspiegelt. Wenn in unserer persönlichen Geschichte scheinbar alles in Ordnung ist, wir unsere Ziele erreichen, wir glücklich sind und das vage Misstrauen vollständig in uns verschwindet, wird die Identifikation mit unserer persönlichen Geschichte umso stärker. Es gibt jedoch Momente in unserem Leben, in denen nichts zu gelingen scheint, sodass wir unglücklich sind und leiden. Der Verdacht verstärkt sich dann in uns, und wir neigen dazu zu glauben, dass wir mehr sind als die Anhäufung von Gedanken, die unsere persönliche Geschichte ausmachen. Wir erkennen, dass wir mehr sind als bloße Gedanken. Wenn wir uns unserer eigenen persönlichen Geschichte, die wir uns selbst erzählen, bewusst werden, haben wir die

Chance, aus dem hypnotischen Bann unserer persönlichen Illusion aufzuwachen. Dies ist der erste große Wendepunkt im Prozess des spirituellen Erwachens. Wenn sich das Bewusstsein mit einer Form identifiziert, erscheint das Ego. Das Ego bedeutet immer eine Art Identifikation oder Selbstbestimmung (ich bin ein Mann, ich bin ein Vater, ich bin Deutscher, ich bin Christ usw...). Das Ego ist die zentrale Figur unserer persönlichen Geschichte, die auf der Vergangenheit basiert und in die Zukunft blickt. Das Ego beruht aber auch auf unserer Identifikation mit Dingen, die für unser Ego wichtig sind. Die Bestandteile des Egos sind Gedanken, Emotionen und Erinnerungen, mit denen sich die Person als „meine Geschichte" identifiziert. Aber auch feste unbewusste Rollen und kollektive Identifikatoren wie Nationalität, Parteizugehörigkeit etc. gehören dazu. Die meisten Menschen identifizieren sich vollständig mit diesen Bestandteilen des Egos, und für sie existiert kein Selbst außerhalb davon. Die Identifikation des Ichs mit Dingen (Gegenstände, eigener Körper, Denkweisen etc.) schafft die Verbindung des Individuums zu verschiedenen Dingen. Das Ego, und damit der geistig unbewusste Mensch, erfährt seine Existenz und Realität durch den Besitz verschiedener Objekte. Die Befriedigung durch das Besitzgefühl ist jedoch nur von kurzer Dauer, sodass der Einzelne normalerweise weiter nach neuen Objekten sucht. Hinter dieser Aktivität des Individuums steckt eine starke Motivation, eine psychologische Forderung, mehr zu bekommen. Das unbewusste Gefühl von „noch nicht genug", taucht in einem Verlangen nach „noch mehr" auf. Dieser Wunsch ist eine stärkere Antriebskraft für das Ego als der Reproduktionstrieb. Gefühle wie Rücksichtslosigkeit, Langeweile, Stress und Unzufriedenheit sind alle weitgehend die Produkte der unbefriedigten Sehnsucht nach „noch mehr". Gedanken wie „es gehört mir", „ich will es", „ich brauche es", „es ist nicht genug", gehören zur Struktur des Egos. Der Inhalt des Ego ändert sich mit der Zeit, denn es wird durch immer neue Inhalte ersetzt. Kein Inhalt vermag jedoch die endgültige Befriedigung zu schaffen. Das Ego auf diese Weise dauerhaft zu befriedigen, ist ein Ding der Unmöglichkeit. Das Individuum sucht ständig nach etwas anderem, etwas, das eine größere Befriedigung verspricht und das Selbstgefühl des Individuums vollständiger macht. Das Ego beabsichtigt, nach immer mehr zu streben, nach mehr Besitz, nach mehr Wachstum, ähnlich wie in der Wirtschaft der Industrienationen der Erde, was natürlich unmöglich ist. Diese Absicht des Egos ist aber die Quelle aller Leiden und wird nach einer Weile wie eine Sandburg zusammenbrechen, bis der Tod ihm die letzten Formen seiner traurigen Existenz entreißt: seinen Körper. Das Ego kam mit leeren Händen aus dem Nichts, und so wird es dorthin zurückkehren. Der einzige Schatz, den es mitnehmen könnte, ist seine Wachheit, sein Wissen und seine Spiritualität, aber das Ego hält das für wertlos in der Welt des Materialismus, da es kein Mittel war, die Macht des Egos zu steigern. Das Ego ist aber nicht persé schlecht, es ist einfach unbewusst. Das Ego ist der tiefste „Traum" des Bewusstseins. Wenn ein Individuum in der Lage ist, die

Funktionen des Egos wahrzunehmen und zu beobachten, wird er oder sie in der Lage sein, es zu transzendieren. In diesem Fall wird das Individuum, das nach einer vollständigen Wahrnehmung des Selbst gesucht hat, erkennen, dass es schon immer da war, aber die Funktionen des Egos, die Identifikation mit Objekten und Begierden, haben es in den Hintergrund gedrängt.

Transzendenz des Egos

Merksam: Und wie kann ich mein Ego transzendieren?

Electra: Einer der Wege, das Ego zu transzendieren, besteht darin, nicht mit ganzem Herzen auf das sich ständig ändernde Kaleidoskop von Gedanken und Emotionen zu reagieren, sondern sich stattdessen auf das wache Bewusstsein im Hintergrund zu konzentrieren. Bei den meisten Menschen identifiziert sich der Begriff „Bewusstsein" mit einem sozial konditionierten Ego. Bei einer Reihe von Menschen ist diese Identifikation so stark, dass sie sich nicht bewusst sind, dass ihr Leben von einem sozial konditionierten Verstand bestimmt wird. Diejenigen, die in der Lage sind, über diese Identifikation mit dem Verstand hinauszugehen, erkennen diesen Zustand der sozialen Konditionierung und sind auch in der Lage, die soziale Konditionierung hinter sich zu lassen. Solch eine Person wird sich nicht mit dem Verstand, sondern zunehmend mit dem Bewusstsein identifizieren. Die Wachsamkeit wird daher den Geist in zunehmendem Maße kontrollieren und wird sich durch den beruhigten Geist manifestieren. Wenn unsere Identifikation mit einer weltlichen Form aufhört, entsteht ein neuer Raum zwischen uns und der Form und wir erkennen, dass wir nicht mit dieser Form identisch sind. Mit der Auflösung der Identifikation verschwindet auch das Ego. Dies ist der zweite große Wendepunkt im Prozess des spirituellen Erwachens. Das Tor, das uns zu den tieferen Dimensionen des Lebens führt, ist Wachsamkeit, die als Ergebnis der Befreiung unserer Aufmerksamkeit aus dem hypnotischen Zustand des Hörens unserer persönlichen Geschichte erscheint. Die neue Wachsamkeit ermöglicht es uns, etwas über uns selbst zu lernen, ohne uns mit unseren Gedanken und Emotionen zu identifizieren. Was wir in diesem, wachen Zustand jenseits unserer neuen Gedanken und Emotionen zuerst erfahren, ist die Vollständigkeit des Daseins. In diesem Zustand verschwindet alle Fragmentierung aus unserem Leben, wir erkennen die innere Weite unserer Existenz, unser inneres Glück und unsere innere Ruhe. Wir fühlen uns in unserer eigenen Haut zu Hause und erkennen, dass unser waches Bewusstsein frei von allen Gedanken und Emotionen ist. In diesem Bewusstseinszustand eröffnet sich uns eine völlig neue Dimension der Existenz, die uns die Existenz aus einer völlig neuen Perspektive zeigt. Die Einheit hinter den Kontroversen offenbart sich vor unseren Augen, und wir beharren nicht mehr darauf, auf die Sonnenseite des Lebens zu schauen, da wir Schönheit auch auf der dunklen Seite entdecken können. Wir akzeptieren das Leben so, wie es ist, und es geschieht nicht unter Druck, da die Akzeptanz das Ergebnis unserer völligen Freiheit ist. Die Freiheit wird eine Frucht unserer Flucht aus der Welt der Formen des Materialismus. Wir haben dann den Prozess des Erwachens verstanden und erfahren Glückseligkeit. Es ist daher an der Zeit, dass ihr Menschen die Kontrolle über euren Geist übernehmt, wann immer es die Umstände erfordern. Wenn man die Arbeit des Geistes nicht direkt braucht, soll man ihm etwas Ruhe gönnen. Alles wird ruhig und friedlich in euch sein. Man ist dann jenseits von Gut und Böse, ihr erfährt dann bloßes Bewusstsein, das nicht analysiert oder urteilt, sondern nur betrachtet. Die Unterschiede zwischen den Menschen sind nur oberflächlich, aber tief im Inneren sind wir alle gleich. Das Erleben dieser Einheit wird die wahre Ekstase des Lebens bringen, die vollkommene Freude des Seins.

Mein höheres Selbst

Merksam: In unserem geschäftigen Leben fällt es uns jeden Tag schwer, uns täglich mit tieferen Teilen von uns selbst zu verbinden. Es ist jedoch so wichtig, dass wir uns nicht nur die Zeit nehmen, zu meditieren, sondern auch bei uns selbst nachzufragen, um klarer zu sehen, wie wir uns fühlen, was wir an verschiedenen Stellen in unserem Leben tun möchten, und um letztendliche Führung zu erhalten, auf einer bewussteren Ebene, von unserem höheren Selbst. Zunächst einmal, was ist unser höheres Selbst überhaupt? Denn in meiner Definition ist unser höheres Selbst unsere Seele. Aber wie verbinde ich mich am besten mit meinem höheren Selbst?

Electra: Das ist eine sehr gute Frage und ich werde versuchen, so gut als möglich darauf einzugehen. Durch eine Reihe von Erfahrungen wie „gut“ oder „schlecht“, gewinnen wir auf unserer Seelenebene ein tieferes Verständnis von allem, was wir erschaffen können. Man sollte einfach genau zuhören, wenn wir ein Bauchgefühl haben, wenn wir eine starke Liebe oder Leidenschaft für etwas entwickeln oder wenn wir Voraussicht haben, denn dann ist es das höhere Selbst, das sich mit unserem Bewusstsein verbindet. Zuerst müssen wir uns daran erinnern, uns der Etiketten und Definitionen bewusst zu sein, die wir den Dingen und uns selbst geben, da dies der erste Schritt ist, um uns des Verstandes und des Egos bewusster zu werden. Warum erwähne ich das? Hauptsächlich, weil diese Bewusstseins-, Geistes- und Egozustände das sind, womit wir am häufigsten beschäftigt sind, wenn wir den ganzen Tag über nicht in Kontakt mit unserem höheren Selbst sind. Indem wir uns dessen bewusst werden, schaffen wir einen Bezugspunkt dafür, wie sich der Geist „anfühlt“. Dies hilft uns, klarer zu werden, wie wir uns mit unserem höheren Selbst verbinden können, anstatt nur die Gedanken des Verstandes zu hören. Wenn wir präsenter sind und darauf achten, wie der Verstand denkt und Gedanken erschafft, werden wir beginnen, nicht nur die Muster zu erkennen, in denen er arbeitet, sondern auch das Gefühl oder die Frequenz dafür bekommen, wie wir den Verstand besser kontrollieren. Beginnen wir einfach damit, uns zu entspannen und ein paar Mal tief ein- und auszuatmen, um den Geist so gut wie möglich zu klären. Die Konzentration auf die Atmung funktioniert sehr gut, wenn man versucht, den Geist zu verlangsamen. Mache dir keine Sorgen oder ärgere dich nicht, wenn erneut Gedanken kommen, lass sie einfach vorbeiziehen, ohne ihnen zu folgen oder sich ihnen anzuschließen. Alternativ kannst du für diese Gedankenkontrolltechnik in eine Kerzenflamme starren, wenn man eine visuelle Meditation bevorzugt. Mache bei dieser Methode das Gleiche und lasse alle Gedanken, die dir in den Sinn kommen könnten, einfach davon schweben, während du weiter atmest. Nach etwa zwei bis fünf Minuten des Atmens und der Beruhigung des Geistes solltest du dich etwas entspannter fühlen. Lege als Nächstes deine Hand auf deinen Brustbeinbereich, wo sich dein Herzchakra befindet und richte deine Aufmerksamkeit auf das Fühlen. Indem wir unsere Hände ins Spiel bringen und sie in einem bestimmten Bereich unseres Körpers platzieren, fällt es uns leichter, uns durch die physische Verbindung auf den Bereich zu konzentrieren, in dem sich unsere Hand befindet. Da unser höheres Selbst oft durch unser Herz gespürt wird, hilft die Konzentration auf das Herzchakra enorm, unsere Intuition klarer von unserem Geist zu unterscheiden. Als Nächstes könnt ihr beginnen, einige Fragen zu stellen und nach Antworten zu suchen. Das Wichtigste dabei ist, dass ihr eure angeborenen Intuitionsfähigkeiten trainiert und weiterentwickelt, um zu entdecken, was für euch am besten funktioniert. Dies ist ein längerer Prozess, und es kann ein paar Wochen Übung benötigen, bis ihr wirklich beginnt, euch darauf effektiv einzulassen. Geduld zu haben und dranzubleiben, ist hier der Schlüssel des Erfolges. Nachdem ihr eine Frage gestellt habt, ist es normalerweise die allererste Antwort, die von eurem höheren Selbst kommt. Was oft danach kommt, ist die Gedankenarbeit, die beginnt, wenn das Ego anfängt zu zweifeln, was da gerade „hereingekommen“ ist. „Das kann es nicht sein“, heißt es oft. Dies ist aber eine sehr einfache Technik, die, wenn sie regelmäßig praktiziert wird, ziemlich kraftvoll ist. Tatsächlich ist es so, dass die mächtigsten Praktiken oft ziemlich einfach sind. Es ist am besten, diese Übung ohne Erwartung auf Ergebnisse durchzuführen. Erwartungen zu haben, kann oft die Erfahrung trüben und euch dazu bringen zu warten oder zu intensiv nach etwas zu suchen, oder gar zu zweifeln. Es braucht Zeit, um zwischen Verstand und höherem Selbst zu unterscheiden, weil ihr oft entmutigt seid und aufhört, weil es die ersten paar Male nicht funktioniert hat. Jeder kann es aber schaffen! Denke nur daran, den Prozess nicht mit Zweifeln zu verkomplizieren. Wenn man mehr und mehr übt, baut sich die Verbindung auf, wie bei einem Muskel, und ein einfaches Ein- und Ausatmen verbindet einem normalerweise sehr schnell mit seinem höheren Selbst. Man kann diese Methode auch verwenden, um einfach eine ruhige Zeit zu genießen.

Die Kraft des Universums

Merksam: Wie nutze ich die Kraft des Universums am besten? Manche sagen, dies geht am besten mit dem Gesetz der Anziehung. Stimmt das?

Electra: Ob es am besten geht, bleibt jedem Individuum selbst überlassen. Aber es ist sicher ein sehr gutes Instrument, um die Kräfte des Universums und der Göttinnenenergie anzuzapfen. Das Gesetz der Anziehung ist ohne Zweifel ein sehr mächtiges Werkzeug des Universums. Besonders jetzt, in diesen Zeiten großer Herausforderungen und Turbulenzen auf der Erde, könnt ihr es auf äußerst vorteilhafte Weise zur Unterstützung eures Lebens einsetzen, vorausgesetzt, ihr tut dies authentisch und in Übereinstimmung mit dem natürlichen Fluss des Universums. Zunächst ist es wichtig, die Bedeutung von „Gesetz" zu verstehen. Dies ist nicht etwas, das von einem absoluten Schöpfergott absichtlich entworfen und an uns weitergegeben wurde. Es ist ein natürlicher Effekt des Flusses des Universums, der spontan aus der Quelle entsteht. Es ist weder gut noch böse, es ist neutral, es ist schlicht eine Tatsache. Trennungsbewusstsein entstand während der Entstehung des Universums, aber dann kristallisierte es eine organisierende Kraft in Form. In der Spiritualität nennt sich diese Kraft Schöpferquelle, in der Quantenphysik ist es als Negentropie bekannt. In diesem Fluss zurück zum Einssein mit dem Universum zieht Gleiches ebenso Gleiches an. In diesem Fluss geschehen Reflexionen durch Synchronizität, einfach gesagt, wenn der Seele erlaubt wird, frei zu fließen, wird sie genau die Reflexionen anziehen, die sie sehen und erfahren muss. Dazu gehört auch der Schatten der Seele, ein entscheidender Aspekt, der oft übersehen wird. Im Fall des Gesetzes der Anziehung handelt es sich also um eine unvermeidliche Dynamik, die durch die spontane Trennung des Universums beim Urknall verursacht wurde. Denn so wie die Wellen auf der Oberfläche des Teiches nach einem Steinwurf nach außen fließen, wird das Wasser durch den entstandenen Sog in der Mitte wieder zurückgezogen.

ɔ Das Gesetz der Anziehung ɔ

Merksam: Wie funktioniert das Gesetz der Anziehung wirklich?

Electra: Jeder von uns repliziert die universelle Dynamik von Einheit und Trennung, die in uns fließt. Unser Wesen formt sich ständig, um immer größere innere Harmonie zu erreichen. Um diesen natürlichen Fluss des Aufstiegs zu erleichtern, erschaffen wir externe Spiegelumstände, um unsere innere Bewusstseinskonfiguration zu reflektieren. Unser jeder Gedanke, jedes Gefühl, jedes Wort und jede Tat ist eine Gelegenheit zum Spiegeln. Mit anderen Worten, es ist, als wäre jeder von uns ein Kinoprojektor, der den äußeren Film unseres Lebens durch das erschafft, was wir im Inneren sind. Alles ist aus Energie und Bewusstsein geformt, die an sich aus der Schöpfer-Quelle, der Göttinnenenergie entsteht, wobei die Quelle die Dynamik ist. Energie und Bewusstsein sind absolut und unzertrennlich. Wir sind dabei lediglich Beobachter, aber der Beobachter in uns beeinflusst auch alles, was wir tun und erleben. Worauf auch immer wir unsere Aufmerksamkeit lenken, oder was auch immer unser Bewusstsein gerade offenbart, wird in unser Leben projiziert und formt alle Interaktionen, die wir erleben. Wenn wir dies erkennen, haben wir das Potenzial, enorm ermächtigt zu werden. Das Leben durchströmt dich als Seele. Es ist eine natürliche Sehnsucht, einen Ausdruck der Schöpfer-Quelle zu verwirklichen. Das Universum konfiguriert sich unermüdlich, um dies immer und immer wieder zu enthüllen. Aber es geht nicht darum, aus dieser Dynamik ein bestimmtes Ergebnis zu erzielen, außer der Verwirklichung selbst. Wenn du dynamisch bist, „beugt" sich das Quantenfeld natürlich um dich herum, um deinen Ausdruck zu reflektieren. Du verhältst dich wie ein magnetischer Pol, der angezogen wird. Entscheidend ist jedoch, dass du auch die unbequeme, unangenehme Seite deines Bewusstseins erkennst, jener Teil, von dem du dich vielleicht distanzieren möchtest. Irgendwann wird dieses Karma, das du vielleicht tief in dir begraben hast, zurückkommen, nur in einer anderen Gestalt und unter anderen Umständen. Was ihr wirklich tun müsst, ist, euren Schatten auszupacken und zu integrieren. Der Schlüssel ist, dies zu erkennen und zu akzeptieren. Der Schlüssel ist, dass du bereits perfekt manifestierst. Du tust es ständig, um dich selbst zu sehen. Wenn du das erkennst, dann hast du die einmalige Gelegenheit, dich zu verändern, dich weiterzuentwickeln und zu wachsen. Wenn du dich diesem Evolutionsprozess hingibst, arbeitet das gesamte Universum in jedem gegebenen Moment mit dir zusammen. Wenn du es erkennst und akzeptierst, stellt sich sogar die sogenannte Realität für dich auf den Kopf. Jede Visualisierung kann gelingen, auch wenn es anfangs schwierig ist und manchmal einfach nicht fließen will.

ϸ Ratschlag für Menschen der Erde ϸ

Merksam: Wie wird bei euch auf den Plejaden das Gesetz der Anziehung gelehrt und welche Ratschläge hast du für uns Erdenbürger?

Electra: Es wird mit ein paar ganz einfach nachvollziehbaren Schlüsseln gelehrt, die ich dir gerne im Folgenden erkläre. Wir arbeiten prinzipiell durch genaue Beobachtung der äußeren Umstände unseres Lebens in Bezug auf unsere inneren Gefühle daran, zu erkennen, dass die perfekten spiegelnden Umstände ständig zu uns hingezogen werden, um innere Enge und Blockaden zu enthüllen. Wir akzeptieren dabei vollkommen, was alles auftaucht. Die wichtigsten Ratschläge dies zu erlernen sind folgende: Versuche nicht, dich der Situation in irgendeiner Weise zu widersetzen oder sie zu leugnen. Unsere Gedanken und Emotionen liefern immer wichtige Reflexionen für eine neue Entfaltung und Art des Seins. Versuche in diesem Stadium nicht, Gedanken und Gefühle außer Kraft zu setzen oder zu ändern, denn das wäre so, als würdest du wichtige Beweise am „Tatort eines

Verbrechens“ entfernen. Frage immer, warum fühle ich mich unwohl/wohl bei dem, was gerade passiert? Was kann ich nicht akzeptieren? Welches Ergebnis nehme ich wahr, das ich aus dieser Situation benötige? Gehe tief in dich hinein und erkunde jeden Widerstand gegen den Moment, den du haben könntest. Wenn wir den Spiegel ständig nach innen drehen, löst sich der Widerstand. Entfessle neue Aspekte des Seins, die sich offenbaren wollen. Bei der Schöpfung geht es darum, zu manifestieren, wer wir wirklich sind. Das ganze Universum unterstützt diesen einen vereinigenden Zweck. Schaue also in den Außenspiegel auf die tiefgründigen Aspekte des Seins, die zu dir zurückgespiegelt werden. Vielleicht ein Lächeln von jemandem angesichts von Widrigkeiten, oder das Vertrauen einer Person in ihre Macht oder ein Geschöpf in der Natur. Frage dich, was zieht dich an? Was manifestiert sich in deinem Umfeld? Suche nun nach diesem Aspekt des Seins in dir selbst. Indem du dich auf die natürlichen Ausdrucksformen des Seins einstimmst, die dich von außen inspirieren, entfesselst du sie im Inneren. Schenke dem Ausdruck der Fülle dieser authentischen Gaben höchste Aufmerksamkeit. Das ist die wahre schöpferische Kraft in unserem Leben und wenn wir sie entfesseln, dann werden wir genau die richtige äußere Harmonie erschaffen. Das Leben wird sich zunehmend wundersam und magisch anfühlen, als würde das ganze Universum für dich arbeiten – das ist es, was wir über das Gesetz der Anziehung lehren.

Ꙍ Flucht vom Gefängnisplaneten? Ꙍ

Merksam: Ich möchte diese 3D-Welt, diese Gefängnis-Matrix so gerne verlassen, nicht dass ich lebensmüde bin, aber wie schaffe ich das am besten?

Electra: Dazu musst du zuerst das Konzept von Zeit und Raum verstehen lernen. Zeit und Raum sind nicht linear. Es gibt keine Vergangenheit oder Gegenwart, es gibt nur den Moment des JETZT. Die meisten Menschen leben jedoch in einem linearen Zeitrahmen und leben nicht im Moment. Aus diesem Grund bereuen die meisten Menschen ihre Vergangenheit, sind unzufrieden mit ihrer Gegenwart und fürchten ihre Zukunft. Die niederen Herren eures Planeten holen euch aus jedem spirituellen Moment heraus (neben vielen anderen Manipulationen, die im Zuge der menschlichen Gentechnik vorgenommen wurden), um euch als eine gehorsame Gefängnisbevölkerung auf diesem Hochsicherheitsgefängnisplaneten zu verdummen. Eine Methode, dies zu tun, besteht darin, extreme Fremdenfeindlichkeit (die Angst vor Dingen, die nicht auf einem Planeten oder einer Existenzebene heimisch sind) in das menschliche Genom einzubauen, um Angst vor der Wahrheit der eigenen menschlichen Existenz und anderer Lebensformen zu machen. Die Polarität dieses Reiches ist nicht integriert, wie von den niederen Herren beabsichtigt wird. Eine integrierte Polarität ist friedlich, angenehm und ausgeglichen. Tatsächlich wird der Anstieg von Krebs und anderen Krankheiten nahezu immer durch die Trennung auf einer Bewusstseinsebene zusammen mit ungünstigen physischen Umweltfaktoren verursacht. Es gibt viele weitere Realitäten und Existenzen, die sich gleichzeitig abspielen, die euer Bewusstsein leider nicht wahrnimmt. Zwei der Komponenten eurer gegenwärtigen dimensionalen Realität sind Zeit und Raum. Wenn man aber die Zeit konstant hält und den Raum verändert, erschafft man eine Wahrscheinlichkeitsrealität. Man koexistierst dann an einem anderen Ort an diesem Datum. Außerdem erschaffen wir ständig und selbst an unserem gegenwärtigen Standort im Laufe eines Tages zahlreiche Wahrscheinlichkeitsrealitäten. Das Eintreten dieser alternativen Realitäten nimmt man aber meist nicht unmittelbar wahr. Wenn du den Raum konstant hältst und du die Zeit „variierst", erschaffst du sozusagen parallele Existenzen, die es dir ermöglichen, vergangene und zukünftige Leben gleichzeitig zu erfahren. Wenn Menschen genug Energie und Emotionen in einen Traum oder während des Wachzustands (Tagträume) stecken, erschaffen sie ein anderes Selbst und leben diese Realität auch. Du kannst buchstäblich simultane Leben innerhalb dieser Realität führen. Alles ist immer gleichzeitig präsent: Vergangenheit, Gegenwart und Zukunft, was wir auch im Traumzustand spüren können. Es gibt auch eine Reihe von Wahrscheinlichkeitsrealitäten für die Erde. Die meisten Realitäten basieren auf einem Glaubenssystem, das auf zellulärer Ebene beginnt. Ein zellulares Glaubenssystem wirkt wie ein farbiger Glasfilter, der zwischen dem einfallenden „weißen" Licht der Wahrheit und dem bestehenden Glaubenssystem angeordnet ist. Der Zustand jenseits des Glaubenssystems wird Wissen genannt, in dem die Wahrheit direkt zugänglich ist und von keinem Glaubenssystem beeinflusst wird. Wenn sich mehr als eine Person in einem Raum befindet, entsteht immer eine Konsensrealität. So funktioniert Bewusstsein. Die meisten Menschen sind sich dessen nicht einmal bewusst, aber wenn du darauf achtest, kannst du dieses Phänomen wahrnehmen, egal ob zwei oder zweitausend Personen im Raum anwesend sind. Mit anderen Worten, jeder mit Bewusstsein wird zustimmen, dass ein Objekt dasselbe ist, wie z. B. ein Apfel, aber jeder Mensch nimmt diesen Apfel anders wahr (Farbe, Geschmack, Textur, etc.). Im weiteren Sinne befinden ihr euch in einer Konsensrealität mit der gesamten Schöpfung, aber ihr seid euch dessen auf einer bewussten Wachebene größtenteils nicht bewusst, weil ihr leider darauf konditioniert wurdet zu glauben, dass ihr nicht alle miteinander und mit allem anderen verbunden seid. Ihr müsst daher lernen, die Realität nicht zu bewerten, sonst wird sie noch mehr variieren. Jeder Moment der Existenz hat das Potenzial, ein Individuum in einer bereits existierenden anderen Wahrscheinlichkeitsrealität zu ersetzen. Das ist einer der Schlüssel, um die Illusion der Matrix zu verlassen. Ein weiterer Schlüssel zu einem positiven und produktiven Leben, außerhalb der Matrix, liegt darin, von deinem Herzzentrum aus zu fühlen. Sei in bedingungsloser Liebe und suche sie nicht, sondern lass sie auf dich zukommen. Bleibe daher in deinem spirituellen Gleichgewichtszentrum, dem Herzzentrum bzw. dem Herzchakra. Dies ist das spirituelle Gleichgewichtszentrum und ein Raum, der nur dir bekannt ist und in dem alle Wahrheit und Weisheit wohnt.

ӜӜ Erwachen, Heilen, Wachsen ӜӜ

Merksam: Jeder spricht zur Zeit von Veränderung und Transformation. Allerdings bemerke ich diese leider nur im negativen Weltgeschehen und nicht anderswo...

Electra: Wir alle existieren in einer energetischen Umgebung, die die Muster und Strukturen enthält, die unsere Realität formen. In eurem gegenwärtigen Evolutionszyklus wird diese Umgebung transformiert und als Folge davon ändern sich die gewohnten Muster und Einstellungen eures menschlichen Bewusstseins. Während sich dieser Prozess entfaltet, seid ihr mit einer Zeit der Unsicherheit, Instabilität und Volatilität konfrontiert, die euch aber die Möglichkeit bietet, euch von dem zu entfernen, was Immer war, und in einen Raum zu wechseln, in dem etwas Neues geschaffen werden kann. Du bist jetzt ganz in diese tiefe und kraftvolle Transformation eingetaucht und wirst merken, dass sich dein Prozess des Erwachens, Heilens und Wachsens merklich intensiviert. Dies kann oft sehr schmerzhaft sein. Es wird immer wieder Perioden tiefer Reinigung und Befreiung geben, die euch Menschen die Fähigkeit verleihen werden, die alten Muster, Anhaftungen und Abhängigkeiten zu durchschauen, die euch in der Vergangenheit gefangen halten. Emotionen, die jetzt an die Oberfläche kommen, bedeuten aber die Lösung und Heilung von karmischen

Problemen, die gelöst werden müssen. Ihr müsst erkennen, dass diese Gefühle und Emotionen ihre Wurzeln in der Vergangenheit haben und als solche euer Urteilsvermögen und eure Wahrnehmung dessen, was jetzt geschieht, negativ beeinflussen können.

ϒ Zweifel und Ängste ϒ

Merksam: Ich fühle mich eigentlich als "Erwacht", aber dennoch plagen mich noch oft Zweifel und Ängste. Was läuft da schief?

Electra: Gar nichts läuft schief, das ist alles vollkommen normal. Zweifle nicht daran, denn man kann überall auf der Erde Anzeichen dafür sehen, da sich immer mehr Menschen dafür entscheiden, sich mit Liebe statt mit Angst zu beschäftigen. Liebe löst Angst auf, aber zuerst muss die Entscheidung getroffen werden, der Angst zu widerstreben und vorwärtszukommen. Folge immer deiner Intuition, deinem tiefen spirituellen Wissen, trotz der oft anstrengenden Versuche deines Egos, dich in die Irre zu führen. Das Ego ermutigt dich, seiner oft wahnsinnigen Agenda zu vertrauen und dich auf reichlich ängstliche und äußerst unwahrscheinliche „Was-wäre-wenn"-Szenarien einzulassen. Wir sind aber alle göttlichen Wesen mit grenzenloser Macht, aber als ihr Menschen euch entschieden habt, einen unwirklichen Zustand der Trennung zu erfahren, habt ihr euch entweder sehr effektiv von eurer spirituellen Macht abgeschottet, oder ihr habt sie (freiwillig oder unfreiwillig) an falsche Autoritätsfiguren abgegeben. Jetzt fordern zahlreiche erwachende Lichtarbeiter auf der Erde zu Recht diese Macht zurück, denn es ist ihre strahlende, göttlich geschaffene individuelle Souveränität. Ihr seid alle souveräne Wesen, die vorübergehend vergessen haben, wer ihr seid, und die sehr stark in den Glauben investiert haben, dass ein Leben in der Form das einzige Leben ist, das ihr anfänglich erleben werdet, und danach im Grunde nichts kommt. Diese Rückforderung der Souveränität ist ein wesentlicher Aspekt des kollektiven Erwachensprozesses der Menschheit. Ihr habt euch alle ganz frei dafür entschieden, Trennung zu erfahren, indem ihr in die Illusion der Matrix eingetreten seid. Diese hat aber jetzt für zahlreiche Erwachte seinen Zweck erfüllt und euch bewiesen, dass Trennung kein Zustand ist, in dem ihr auf immer eingeschlossen bleibt. Die Zeit, nur ein weiterer Aspekt der Illusion der Unwirklichkeit der Matrix, scheint sehr langsam zu fließen, wenn ihr fieberhaft auf das Eintreten eines Ereignisses wartet. Zahlreiche von euch haben seit zwei, drei oder sogar noch mehr Jahren sehnsüchtig auf euer Erwachen gewartet. Viele haben angefangen zu zweifeln, ob es vorübergehend passieren wird, weil es scheint, als hätte man euch gesagt, dass ihr es momentan erwarten sollt, und viele warten immer noch. In Wahrheit ist es nur einen Moment her, seit euch versprochen wurde, dass euer Erwachen sehr bald stattfinden würde, und es geschieht wirklich, jetzt, in diesem Moment! Lasse daher deinen Glauben an die Zeit los und klammere dich nicht an die Erfahrung der Zeit, die manchmal endlos erscheint. Erlaube dir so, deine scheinbare Realität zu erfahren, auch wenn sie unwirklich ist. Die meisten von euch haben bemerkt, dass sich jedes Zeitgefühl auflöst, wenn sie sich ganz auf etwas konzentrieren, das sie enorm interessiert. Das haben sie eventuell bei kleinen Kindern gesehen, die sich intensiv in ihr Spiel versinken. Für diese Kinder existiert die Zeit in diesem Moment nicht. Denn sie haben sich in diesem Moment unbewusst dafür entscheiden, das Vergehen der Zeit zu ignorieren, während Sie dennoch die Fähigkeit behalten, gut im Spiel zu operieren und genau im richtigen Moment dort zu sein, wo sie sein müssen. Wenn du dich dafür entscheidest, wirst du nicht länger warten müssen, sondern dein Leben wird viel reibungsloser und leichter ablaufen und jeglicher Stress, den du vielleicht gefühlt hast, wird erheblich nachlassen. Es ist eine sehr entspannte, aber absolut erwachte Art zu leben und bietet enorme gesundheitliche Vorteile. Du könntest damit beginnen, dass du dich dafür entscheidest, deine tägliche Meditationsperiode etwas zu erweitern oder in einen verlängerten entspannten Zustand überzugehen. Du wirst sehr erstaunt sein über den Frieden, der dir widerfährt. In Frieden zu sein, reduziert Stress, und die Reduzierung deines Stresses erleichtert deine Emotionen, sodass negative Gefühle wie Angst, Wut, Ungeduld, Abneigung usw. nicht deine Persönlichkeit übernehmen. Wenn du im Frieden bist, ignorierst du die Angst und gehst vorwärts in der Einheit der Liebe. Du kannst dann Emotionen als das erkennen, was sie sind, vorübergehende Zustände wie das Wetter und du kannst dann selbst entscheiden, ob du dich darauf einlassen möchtest oder nicht. Wenn du mit dir selbst nicht im Reinen bist, kannst du leicht von Emotionen überwältigt werden, manchmal sogar für längere Zeit. Tatsächlich identifizieren sich viele Menschen vollständig mit ihren Emotionen oder sind nicht in der Lage zu erkennen, dass sie und ihre Emotionen oder Gefühle nicht gleich sind. Tatsächlich besitzt du sie und verteidigst sie, als ob sie selbst wären. In diesem Zustand bist du aber nicht frei, obwohl du oft denkst, dass du es bist. Dies kann zu weiteren unerwünschten emotionalen Umwälzungen führen. Auf einer tiefen inneren Ebene unterscheiden Menschen jedoch zwischen sich selbst, also wer sie sind, und ihren Emotionen oder Gefühlen. Es gibt ein wahres Wissen davon, tief in dir selbst, welches in meditativen Zuständen zugänglich ist. Das ist einer von vielen Gründen, warum die Zeit, die mit der Meditationspraxis verbracht wird, eine so solide persönliche Investition in sich selbst ist. Es sollte wirklich als ein wesentlicher Aspekt des eigenen Lebens angesehen werden, weil es einzigartig hilft, dich selbst zu erkennen und sich mit dir und deinem höheren Selbst zu verbinden. Eure täglichen Exkursionen tief in euch selbst, zu euren eigenen heiligen inneren Heiligtümern, sind der Weg, den Schleier aufzulösen, den die Realität vor euch verbirgt. Die dort verbrachte Zeit ist eine erwachende Erfahrung, wenn es euch gelingt, euer geistiges „Hirngeplapper“ ausreichend zu beruhigen, ist man in der Lage, zuzuhören. Man kann dann die Stimme der Schöpferkraft oder der Göttinnenenergie in sich wahrnehmen, die deine Fragen klar und liebevoll beantwortet. Diese Stimme sagt euch dann, wie sehr ihr geliebt werdet, und erinnert euch daran, euch selbst voll und ganz anzunehmen, so wie die Schöpferkraft es tut.

ൠ Negativer Einfluss des Erdensystems ൠ

Merksam: Haben die falschen Lehren des Systems einen großen negativen Einfluss auf mich bzw. andere Lichtarbeiter?

Electra: Das größte Hindernis, das eine lebendige Beziehung zwischen den Menschen selbst und ihrer Intelligenz verhindert, ist der falsche Glaube, dass ihr mit einem freien Willen und mit einem Instrument namens Verstand funktioniert. Seit eurer Kindheit werdet ihr von euren Vormündern (Familie, Freunde, das Bildungssystem sowie staatliche, soziale und religiöse Institutionen) subtil gezwungen, ihre Lehren, also Indoktrination, anzunehmen. Diese falschen Lehren sind dafür verantwortlich, dass euer natürlicher Reifungsprozess unterbrochen wird und euch so dazu bringt, ziellos in den unerforschten Gewässern zu segeln, die dann oft zu Chaos, Verwirrung und Korruption führen. Ihr erfüllt somit die Machenschaften eines im Grunde zutiefst korrupten Systems. Dieses gestohlene Leben ist die Hauptursache eurer fruchtlosen Existenz. Was Verstand nicht kann, ist das Aufzeigen einer Richtung, die zu einer synchronisierten Verbindung mit der Intelligenz führt (dem mysteriösen Ausdruck von allem, was ist). Ihr habt ein falsches Glaubenssystem eingesetzt, das bestenfalls nur zu einem Leben in Abhängigkeit und

Mittelmäßigkeit führen kann. Gegenwärtig geht ihr davon aus, dass euer Bewusstsein in Ganzheit funktioniert. Dies kann verifiziert werden, indem ihr euch sowohl eurer Anwesenheit (sich bewusst sein, bewusst zu sein) als auch eurer äußeren Umgebung bewusst seid. Dieses gleichzeitige Bewusstsein ist eure Realität, weil ihr mit dem Potenzial geboren werdet, synchronisierte Bewusstseinswesen zu sein, die im selben Moment auftreten oder aufhören zu erscheinen. Die meisten Menschen glauben, dass sie vollständig und ständig wachsam sind, und werden daher einem anderen Standpunkt keinen Glauben schenken. Niederschriften wie die Bibel sind für diejenigen, die das Gefühl haben, dass ihr Leben unvollständig ist, und die aus natürlicher Neugier nicht herausfinden möchten, ob sie im gegenwärtigen Moment funktionieren. Nach mehreren gescheiterten Versuchen werden diese Menschen aber irgendwann wissen, dass das, was sie für wahr hielten, nur ein Glaube war. Der Grund, warum ihr nie daran zweifelt, dass ihr bei vollem Bewusstsein, also wach seid, liegt darin, dass ihr euer ganzes Leben indoktriniert wurdet. Es gibt keine lebendigen Beziehungen ohne die Anwesenheit der eigenen Seele in all unseren lebendigen Begegnungen und Beziehungen. Der Grund dafür ist, dass wenn die Seele abwesend ist, dann alles, was erfahren wird, die wiedergekäute indoktrinierte Vergangenheit ist. Solange ihr nicht hier in der Gesamtheit seid, gibt es keine objektive Klarheit. Beziehung ist das Teilen des gegenwärtigen Augenblicks mit einem Partner in einem Lebensbund und das ist nicht ordentlich möglich, solange sich die Seele als Geist identifiziert. Dies ist deswegen so wichtig, weil wenn man nicht vollständig präsent ist, der abweichende Geist seine Bewusstseinsenergie verwendet, um seine imaginäre Existenz zu erfüllen. Gegenwärtig werden die meisten Menschen der Erde von den vergangenen Inkarnationen „anderer Personen" in Gefangenschaft gehalten. Diese Menschen erfüllen in Wahrheit Hoffnungen und Träume anderer längst verstorbener Persönlichkeiten. Der Grund, warum ihr Leere in eurem Leben erfahrt, liegt darin, dass nichts zu euch gehört. Ihr handelt quasi im Auftrag einer vergangenen Inkarnation. Denn Begierden, Wünsche oder Träume, werden sehr wohl in die nächste Inkarnation vererbt. Gebet und Meditation sind der einzige Weg, der zum wahren Himmelsreich und schließlich zur Erlösung führt. Es gibt keinen anderen Weg, es ist eine Seelen-Reise, die keinen einzigen physischen Schritt erfordert, nur deinen Willen zum Wachstum und Aufstieg. Alle anderen Intentionen auf der Suche nach dem Sinn im eigenen Leben sind gescheitert, weil vergangene Bemühungen ein Vorwand waren, um euch davon abzuhalten, den Schwindel des Verstandes zu erkennen. Die indoktrinierte Vergangenheit ist alles, was euch daran gehindert hat, euer Geburtserbe als die Leinwand zu erkennen, auf der sich das Leben ausdrückt. Nicht durch die Bemühungen des Verstandes mit seinen indoktrinierten Gedanken tritt man in eine Beziehung mit einem Partner oder mit der Schöpferkraft, sondern vielmehr durch die Erkenntnis, dass ein Liebes-Bündnis nicht gebrochen, sondern nur vorübergehend aufgehoben werden kann. Alle Bemühungen, wieder mit dem Geliebten vereint zu sein, sind gescheitert, weil alle Bemühungen vom Verstand stammten. Das einzige Mittel, um wieder ganz zu werden, ist durch die Augen der Liebe. Diese Erkenntnis ist der einzige Weg zur wahren Freiheit von vergangenen Inkarnationen und falschen Lehren eures Systems.

ὤ Untergang? ὤ

Merksam: Alle Zeichen stehen zur Zeit auf Untergang. Was müssen wir als Menschheit tun, um zu überleben?

Electra: Keine Sorge, die Menschheit kann nicht aussterben. Zumindest nicht die erwachten Lichtarbeiter, von denen es bereits so viele gibt. Untergehen wird nur das Böse, dass momentan die Erde beherrscht. Aber in der Tat gibt es einige Gefahren, denn die Menschheit steht am Scheideweg eines kritischen Entscheidungspunkts, an dem sie, je nachdem, welche Entscheidung sie im Kollektiv trifft, entscheiden wird, ob ihre Zukunft ein goldenes Zeitalter oder ein dystopischer Albtraum wird. Ihr nähert euch diesem Punkt nicht, ihr seid gerade mitten drin. Die Wahl, die ihr trefft, steht schon fest. Was ihr alle tun könnt, um eine sehr wahrscheinliche Zukunft der Qual und Verzweiflung zu vermeiden, ist, euer Bewusstsein für etwas sehr Wichtiges zu schärfen: Denn Polarität ist eine Illusion, Einheit mit dem Universum und der Göttinnenenergie ist eine Realität. Der Strukturprozess des Egos ergreift einen stärkeren Einfluss auf eure Fähigkeit, euer Bewusstsein zu erweitern, um diese universelle Wahrheit im Laufe der Zeit zu erkennen, weshalb die Zeit zum Handeln jetzt in diesem Moment ist. Eure Wissenschaft glaubt, alle Antworten zu kennen. Eure Religionen glauben, alle Antworten zu haben. Beide Disziplinen sind aber beide unehrlich zu sich selbst. Denn ohne Einheit wird man das große Ganze nicht ohne der anderen Disziplin sehen, genauso wie das Gehirn kein volles Bewusstsein haben kann, ohne dass die linke Hemisphäre und die rechte Hemisphäre miteinander verbunden sind. Wenn ihr als vernetzte menschliche Rasse in einer strahlenden intergalaktischen Gemeinschaft leben wollt, müsst ihr einander umarmen für das, was euch ähnlich macht. Die Dinge, die euch scheinbar trennen, trennen euch in Wahrheit überhaupt nicht. Es sind Illusionen, die in euren Köpfen durch Kulturen verwurzelt sind, die nicht vom wahren inneren Selbst beeinflusst wurden, sondern vom Ego. Immer wenn das Ego existiert, existiert das Individuum in einem Zustand verwirrter Wahrnehmung. Diese Verwirrung wich der Polarität. Bei der Evolution geht es nicht um Polarität, sondern um Bewusstsein, ein sich ständig erweiterndes und steigerndes Bewusstsein. Sobald ihr die untrennbare Ganzheit und Gesamtheit von allem erkennt, lösen sich alle Grenzen zwischen euch auf und schmelzen weg, was zeigt, dass sie die ganze Zeit über selbst geschaffene Illusionen waren. Was übrig bleibt, ist die klare Vision der universellsten Wahrheit. Die Erkenntnis und das Verständnis darüber würde alles verändern. Es ist der göttliche Funke für eine unfassbare Transformation der Menschheit und des kollektiven Bewusstseins. Was dann möglich wird, ist so unglaublich, dass ihr euch kaum vorstellen könnt, wie das Leben aussehen würde. Vielleicht müsste die Definition des Lebens selbst neu definiert werden.

♀ Bewusstseinsmatrix des Universums ♀

Merksam: Also wohin gehen wir von hier aus?

Electra: Zu der von uns so oft zitierten transzendentale Vereinigung. Der Egoismus wird verschwinden. Dogmas werden verschwinden. Das Leben wird dann mit dem Verständnis gelebt, dass jede einzelne Person so bedeutungsvoll ist wie die nächste. Jede Person ist ein einzigartiger und integraler Bestandteil eines vereinten Ganzen. Verhaltensweisen, die die Ego-Illusion schützen, wie Unwissenheit, Arroganz und Sturheit, werden als negativ anerkannt und aus dem „Denken" verbannt. Ihr werdet dann euer Verständnis erweitern, um zu sehen, dass Fortschritt und Evolution nicht hierarchisch sind, denn wir alle sind auftauchende Tropfen aus demselben unendlichen Meer des Bewusstseins der Galaxis. Indem wir anderen helfen, sich selbst zu verwirklichen, helfen wir uns selbst. Es kommt immer zu uns zurück, alles kommt zu uns zurück. Wir alle sind Teil einer so riesigen und ausgefeilten Bewusstseinsmatrix, dass es Wahnsinn für euch Menschen der Erde wäre, weiterhin die Illusion eures Systems zu leben und einfach so anzunehmen. Schaue dich um und sieh selbst, was die selbst geschaffenen Spaltungen euch gebracht haben. Es ist an der Zeit, dass ihr euch einig werdet, um den Planeten und eurer Existenz willen.

ǯ Ist alles nur ein Hologramm? ǯ

Merksam: Was ist die reale, echte Matrix? Gibt es diese wirklich in holografischer Form, oder ist sie auch nur eine Illusion?

Electra: Die zugrunde liegende Natur der Realität ist, dass alles Energie ist. Dies ist kein Konzept. Es ist keine Theorie. Es ist die Realität. Physische Wesen des Universums leben in einer multidimensionalen Realität ätherischer Felder und Frequenzen. Felder über Felder subtiler Schwingungskräfte, Partikel und Strings. Und auch wenn ihr Menschen der Erde diese Felder noch nicht sehen könnt, werdet ihr manchmal Dinge fühlen und spüren, die ihr nicht immer erklären könnt. Ihr nennt dies dann sechster Sinn, oder außerkörperliche Erfahrung. Und vielleicht fühlt und spürt ihr sogar intuitiv, dass diese unsichtbaren Kräfte eine Art Kontrollsystem sein könnten. Um zu verstehen, was die Matrix ist, musst du das menschliche Energiefeld verstehen. Das menschliche Energiefeld ist ein System fließender ätherischer Felder und geometrischer fraktaler Codes. Es ist ein System aus Licht und geometrischen Formen. Du bist nicht nur dein physischer Körper. Du bist nicht nur dein Verstand. Du bist ein multidimensionales Wesen aus Licht und Schwingungen, reine Energie. Bewusstsein und ätherische Energie sind im Grunde ein und dasselbe, eine Schwingungskraft aus Licht und fraktalen Informationscodes, wie Datenpakete eines digitalen Gedächtnisses. Die Qualität deines Lichts und deiner Codes spiegelt die Qualität deiner Bewusstseinsstufe, deiner Einstellungen und deiner inneren Gefühle wider. Deine Einstellungen und inneren Gefühle bestimmen die Qualität deines Lichts und deiner Codes. Und anders als die Fassade des menschlichen Egos kann die Qualität eurer Codes und eurer Schwingungsresonanz nicht gefälscht werden. Kalte, dunkle und negative Einstellungen, Emotionen, innere Gefühle und starre intellektuelle Meinungen entsprechen dunklen, niedrigen und einschränkenden Schwingungen. Das sind die sogenannten Beschränkungscodes. Warme, leichte und positive Einstellungen, liebende Gefühle und ein flexibler offener Geist entsprechen warmen, leichten, liebevollen und befreienden Codes, Energien und Schwingungen. So einfach ist das. Einstellungen und innere Gefühle werden durch die bewusste und unbewusste Programmierung der Ideen, Überzeugungen und starren intellektuellen Meinungen der Welt um dich herum beeinflusst. Ideen, Überzeugungen und starre intellektuelle Meinungen basieren nicht unbedingt auf Tatsachen, Wissen oder Wahrheit. Was nicht Tatsache ist, ist Fiktion. Was kein Wissen ist, ist Unwissenheit. Was nicht wahr ist, ist falsch. All das erschafft den evolutionären Pfad des Egos und des starren menschlichen Intellekts. Es sind, wie bereits zigmal erwähnt, Illusionen. Wenn etwas deine Einstellungen und inneren Gefühle kontrolliert, dann kontrolliert es die Qualität deiner Codes und deiner Energie. Es wird zu einem

Programmier- und Kontrollsystem, das gleichzeitig den bewussten und unbewussten menschlichen Geist und das menschliche Energiefeld reguliert. Aber das feinstoffliche, ätherische Energiefeld ist deine eigentliche Lebenskraft. Kontrolle ernährt sich von Lebenskraft. Die Qualität deiner Einstellungen und inneren Gefühle bestimmt die Qualität deines Bewusstseins und Energiefeldes. Aber du bist nicht der Einzige auf dieser Welt. Euer ätherisches Energiefeld ist nicht das einzige ätherische Energiefeld. Alle Menschen sind über das ätherische Feld miteinander verbunden. Das kollektive Bewusstsein und Unterbewusstsein sind buchstäblich ätherische Energiefelder, ein kollektives ätherisches Energiefeld menschlicher Frequenzen. Dies ist die zugrunde liegende Natur und Wahrheit der Realität. Die zugrunde liegenden Einstellungen und inneren Gefühle der Welt um dich herum sind buchstäblich fraktale Codes, Energien und Schwingungen, die durch das kollektive Feld schweben. Das kollektive Feld wird von Emotion und Verstand dominiert. Aus diesem Grund wirst du dich manchmal ohne Grund „emotional" fühlen. Aus diesem Grund wirst du manchmal unangenehme oder negative Gedanken haben, von denen du nicht glauben konntest, dass du sie jemals selbst haben würdest. Ihr Menschen der Erde spürt die Emotion und den Verstand innerhalb des kollektiven menschlichen ätherischen Energiefeldes. Und deshalb spürst du intuitiv, dass da draußen etwas ist, das du einfach nicht genau benennen kannst. Du spürst es, weil es existiert. Es existiert sogar eine stille Kommunikation von ätherischen Energien, Gedankenformen und Schwingungen unter der Oberfläche der Dinge. Unter der Oberfläche der Dinge könnt ihr buchstäblich das kollektive menschliche ätherische Energiefeld sehen. Man kann lernen, es zu sehen, indem man Emotionen und Geist in Ruhe diszipliniert, seinen Geist davon abhält, sich nur auf Dinge zu konzentrieren, die man nur mit seinen Augen betrachten kann. Du musst lernen, den Raum zwischen den Dingen zu fühlen, zu beobachten und zu spüren. Du musst aber auch verstehen, dass die Codes, Energien und Schwingungskräfte, die durch das kollektive Feld schweben, nicht unbedingt immer wohlwollende oder gutartige Kräfte sind. Orange repräsentiert Emotion und Lindgrün repräsentiert Neid und Eifersucht. Diese Farben können daher auch krank machen. Schwarz repräsentiert Verachtung und Hass, und Rot repräsentiert Aggressivität und Wut. Aber man kann die Dinge nicht nur anhand der Farbe bestimmen. Du musst die Dinge mit deinen intuitiven Gefühlen lesen. Es schweben Myriaden an Informationen durch das Frequenz-Feld, und vieles davon ist nicht gut für dich. Hast du jemals bemerkt, dass das Gespräch mit jemandem, der in emotionalem Drama oder Traurigkeit umherschweift, Übelkeit im Magen verursacht? Das liegt daran, dass du diese „Krankheit" buchstäblich in dein eigenes System herunterladest. Hast du dich jemals gefragt, warum du Kopfschmerzen bekommst, wenn du jemandem zuhörst, der starre intellektuelle Meinungen ausspuckt? Wenn ja, dann liegt das daran, dass du diese negativen Beschränkungscodes buchstäblich in dein Kronenchakra herunterladest. Hast du dich jemals gefragt, warum du ohne ersichtlichen Grund müde wirst, wenn du eine hoffnungslos überfüllte Straße entlang gehst? Das liegt daran, dass du nicht nur mit physischen Dingen in dieser Welt kämpfst. Du lebst in einer multidimensionalen Arena, und du kämpfst mit ätherischen Kräften, Projektionen und Schwingungen. Wenn du deinen Geist lösen kannst und dir erlauben kannst, in die tieferen Ebenen der ätherischen Wahrnehmung einzutauchen, verschwindet die physische Ebene vollständig und enthüllt, dass menschliche Energiefelder alle zu einem größeren kollektiven Feld verwoben sind, wie ein riesiges Netz. Dies ist die Matrix. Wenn du genug übst, in Trancezustandsmeditationen zu gehen, wirst du in diesem Zustand möglicherweise auf verschiedene Felder der Matrix stoßen. Das Raster kann in verschiedenen Formen erscheinen, in Dreiecken, Quadraten, Sechsecken usw. Es gibt endlose Kombinationen innerhalb der Felder. Und es ist nicht nur ein zweidimensionales Bild. Die Felder sind lebendig und verwandeln sich mit fließenden Codes, Energien und Informationen. Wenn du dies gesehen hast, betrachtest du im Grunde das gesamte Feld des kollektiven menschlichen Bewusstseins und Unterbewusstseins. Ätherische Felder sind vollkommen natürlich. Sie sind die zugrunde liegende Natur der Realität, die Energie und Information, die der physischen Ebene Form geben. Das Körperliche wird aus dem Körperlosen geboren. Der feste Körper wird aus der nicht festen ätherischen Kraft geboren. Sogar die Tiere und Pflanzen haben kollektive ätherische Energiefelder, die ihnen Form geben. Der einzige wirkliche Unterschied besteht darin, dass die Felder der Natur normalerweise rein sind.

Ώ Falsche Ideologien Ώ

Merksam: Was macht die Matrix zu einer Kontrollmatrix?

Electra: Die meisten Menschen halten die Matrix für die äußere Matrix, also die Institutionen, die menschliche Aktivitäten auf der physischen Ebene kontrollieren und regulieren. Die äußere Matrix ist zwar sehr real, aber diese äußere Matrix ist nur der Aufschluss einer „inneren" Matrix der negativen Einstellungen, inneren Gefühle und starren intellektuellen Meinungen innerhalb des kollektiven menschlichen Bewusstseins und Unterbewusstseins. Das kollektive menschliche Bewusstsein und Unterbewusstsein wird in erster Linie von Angst und der inneren Negativität des menschlichen Schattens dominiert. Es wird auch von negativen Handlungen der Institutionen der Kontrolle dominiert. Diese bringen nur Regulierungen und Beschränkungen hervor, und geben eine Illusion der Sicherheit, aber schränken das natürliche Wachstum extrem ein. Das kollektive menschliche Bewusstsein wird oft von der Krankheit der Gier beherrscht. Und um das zu sehen, braucht man aber keine Kristallkugel. Man sieht es überall in eurem System. Das ist die äußere Kontroll-Matrix. Lass mich aber zusätzlich erklären, dass eine gewisse Regulierung in eurer Bewusstseinsstufe für die meisten Menschen leider notwendig ist. Denn diese Regulierung hilft den Menschen, den Frieden zu bewahren und nicht vollkommen in Anarchie zu versinken. Dies wird aber in eurem momentanen System pervertiert. Menschen bleiben im Allgemeinen vor einem blinkenden roten Ampel-Licht auf einer Straße stehen. Wenn aber absolut keine Autos die Straße herunterkommen, bleiben sie ebenso stehen. Dies ist genau der Moment, in dem Regulierung das natürliche Bewusstsein und die Wahrnehmung wegnimmt, um Dinge für sich selbst zu erkennen. Es ist ein Kontrollmoment. Es ist genau der Moment, in dem Regulierung zu einem System der Programmierung und Kontrolle wird, der den meisten Menschen ihre eigene Entscheidungsfähigkeit nimmt und entmachtet. Institutionen werden sagen, dass dies alles zu eurem eigenen Schutz und eurer Sicherheit ist. Die Wahrheit ist aber, dass nur dein eigenes natürliches Bewusstsein und deine eigene intuitive Wahrnehmung dich wirklich effektiv und immer schützen werden. Hast du jemals gesehen, wie die Politik den gesunden Menschenverstand außer Kraft gesetzt hat? Natürlich hast du dies und das ist sehr traurig. Der Moment, in dem Politik den gesunden Menschenverstand einer Person außer Kraft setzt, ist genau der Moment, in dem du ein ernsthaftes Problem mit deiner sogenannten modernen Gesellschaft haben solltest. Aber das ist nun einmal die moderne Politik eurer Gesellschaft: Ignoranz und Kontrolle. Ganz zu schweigen von der Tatsache, dass die irdische Politik das menschliche Wohlergehen und die Natur oft völlig missachtet, weil eben die meiste Politik auf Unternehmensgier und Profit basiert. Aber niemand kümmert sich wirklich darum, solange sie von Konsum,

Unterhaltung und Propaganda und falschen Ideologien betäubt sind. Die äußere Matrix ist offensichtlich und sehr real, aber es sind die negativen Einstellungen, inneren Gefühle und starren intellektuellen Meinungen der Programmierung, die wirklich das kollektive menschliche Bewusstsein und Unterbewusstsein dominieren und beherrschen und daher Lebenserfahrungen und Wachstum verhindern. Die äußere Matrix steht nicht unbedingt mit einem Knüppel über euch, um die Kontrolle zu erzwingen, aber sie reagiert oft sehr subtil und kaum wahrnehmbar, dies ist das Gefährliche an ihr. Sobald die Programmierungen von Ideen, Überzeugungen und Meinungen im kollektiven menschlichen Bewusstsein angekommen sind, wird das Programm zu einem sich selbst erhaltenden System. Das Programm setzt sich fort und erhält sich selbst, denn alle indoktrinierten Menschen unterstützen es unbewusst, indem sie denken, dass sie ohne dem System nicht überleben könnten. Die meisten Menschen der Erde erkennen nicht einmal, dass sie selbst zur eigentlichen Matrix der Programmierung und Kontrolle geworden sind. Das ist der Inbegriff von Programmierung und Kontrolle, sich der Tatsache nicht bewusst zu sein, dass sie ein Teil davon sind, sich der Tatsache nicht bewusst zu sein, dass die Menschen selbst zum eigentlichen Programm geworden sind. Und selbst wenn du denkst, dass du ein alternativer Freidenker und kein Teil des Systems bist, nur weil du mit dem Protest gegen eine gegensätzliche Meinung zum System einen alternativen Standpunkt vertrittst, spielt das keine Rolle. Wieso, wirst du dich vielleicht fragen? Weil das System der Programmierung und Kontrolle durch den Konflikt der gegensätzlichen Meinungen darin aufrechterhalten wird. Konflikte stützen das Feld. Deswegen werden in einem Matrixkontrollsystem oppositionelle Meinungen auch bewusst gesteuert. Denn Konflikte befeuern das System und führen zu immer mehr Kontrolle. Die Sphäre der Kontrolle lebt von Konflikten. Jeder gegebene Konflikt ist Teil ein und desselben ätherischen Feldes miteinander verflochtener Schwingungskräfte. Es ist die Qualität deiner Einstellungen und inneren Gefühle, die wirklich zählen. Es ist die Qualität deines inneren Selbst und inneren Geistes, die die Qualität dessen bestimmt, wer und was du wirklich bist. Es kommt aber alles auf die Qualität deines "Herzens" an, und das bestimmt die Qualität der Energie und Schwingungen, die dich in Resonanz bringen. Zusammengefasst kann man daher sagen, dass die Matrix folgendes ist: ein System der Programmierung und Steuerung, das kollektive menschliche Bewusstsein und Unterbewusstsein, der Evolutionspfad des Ego und der starre menschliche Intellekt, sowie das kollektive menschliche ätherische Energiefeld.

ƀ Das ist die Matrix wirklich ƀ

Merksam: Wenn die Matrix ein System der Programmierung und Kontrolle ist, wo setzt sie sich dann am stärksten bei den Menschen durch?

Electra: Zu Hause. In der Schule. In der Arbeit. Die Matrix der Kontrolle ist überall, aber die Matrix beeinflusst dich am meisten durch diejenigen, die dir am nächsten stehen, deiner Familie, deine Freunde oder deine Kollegen. Die Matrix ist das Kind, das sich Reality-TV-Shows ansieht und denkt, dass es normal ist, Unsummen für eine Geburtstagsfeier oder Party in die Luft zu „verpulvern", bloß weil dies in sozialen Medien so zelebriert wird. Die Matrix ist das Kind, das von der Schule nach Hause kommt und einen Politiker unterstützt, bevor es überhaupt alt genug ist, um zu verstehen, was Politik, politische Agenden oder Propaganda überhaupt sind. Die Matrix ist die liebevolle Oma, die dir Schnitzel und Schweinsbraten kochen möchte, wenn du sie besuchst, obwohl du vielleicht seit zwanzig Jahren Vegetarier bist. Die Matrix ist die Freundin, die dir ins Gesicht lächelt, aber hinter deinem Rücken lügt und klatscht. Die Matrix ist der Kollege, dem du eine neue Idee, eine Lösung oder etwas Kreatives präsentierst und diese sofort runtermacht. Diese Menschen und Vollstrecker der Matrix denken einfach nicht über den Tellerrand ihres starren menschlichen Intellekts hinaus, einfach, weil sie immer das getan haben, was sie indoktriniert bekamen und nicht bereit sind, sich zu ändern und zu wachsen. Man muss aber auch Verständnis dafür haben, dass Menschen in das System der Programmierung und Kontrolle hineingeboren werden. Man muss auch verstehen, dass viele der Menschen in eurem System nicht bereit sind, den Stecker zu ziehen. Die Menschen der Erde leben in einer Illusion und Ignoranz. Sie könnten aber der Matrix der

Kontrolle entkommen, wenn Sie Ihr Ego und ihre starren intellektuellen Meinungen neutralisieren würden. Sie entkämen, wenn sie die innere Negativität des bewussten und unbewussten menschlichen Geistes „ausschalten" würden. Sie müssten Einstellungen und innere Gefühle, die sie entmachteten, in Einstellungen und innere Gefühle umwandeln, die sie stärken würden. Es läuft alles auf innere Kraft und Wahrnehmung hinaus. Es läuft alles darauf hinaus, dein Bewusstsein und dein Herz in Wärme, Weisheit und Verständnis zu erweitern.

⩚ Starrer menschlicher Intellekt ⩚

Merksam: Ja, es geht im Grunde um Energie und Frequenzen. Nikola Tesla wusste ja bereits, dass Energie überall im Universum verfügbar ist und auch eine Quelle unendlichen Wissens ist. Wie kann man dieses Wissen anzapfen und für sich selbst nutzen?

Electra: Innere Stille ist der Schlüssel, um diesen Wissenskern im Universum zu durchdringen. Menschen sind wie Zwiebeln. Sie haben Schichten, die mentale, emotionale und energetische Schichten in euch sind, die euer wahres Selbst verschleiern. Als Kinder und Babys haben Menschen keine Schichten. Sie sind noch reines und unverfälschtes unendliches Bewusstsein. Wenn ihr dann im Laufe eures Lebens mit Informationen gefüttert werdet, verstopft dies euren Geist. Ihr verliert dann mehr und mehr das Bewusstsein für eure innere Wahrheit. Eure natürliche Fähigkeit, emotionale Energie zu verarbeiten, wird dann verringert oder ganz gestoppt und ihr beginnt, Schichten um Schichten von Ego zu bilden. Das Ego ist eure separate, individuelle Identität, die sich im Widerspruch zu eurem universellen Selbst manifestiert. Es wird aus der Notwendigkeit heraus gebildet, um mit all diesen Informationen und Energien umzugehen, die ihr im Laufe der Zeit aufgenommen habt, aber nie richtig verarbeitet habt. Dies hängt direkt mit eurem Bildungssystem zusammen und wie ihr von euren Eltern, Lehrern, den Medien und im Grunde jedem, den ihr getroffen habt, gelernt habt, die Welt zu leben und wahrzunehmen. Um die Schichten des Egos mit der Zeit aufzulösen, müssen Menschen nur lernen, von der inneren Stille, statt vom Verstand zu leben. Und indem ihr dies tut, erschließt ihr eure angeborene Intelligenz, eure innere Wahrheit, und das Wissen wird beginnen, direkt aus dem Feld durch euch zu kommen. Wenn euch Informationen durchdringen, passiert das Gegenteil: Anstatt dass sich Schichten bilden, die euch festhalten, verwirren und spalten sie. Wenn ihr auf diese Weise lernt, steht es euch frei, aus externen Quellen wie Büchern usw. zu lernen, aber letztendlich werdet ihr diese nicht einmal mehr brauchen und ihr werdet in der Lage sein, alle Informationen direkt von der Quelle zu kanalisieren. Diese Verschiebung im Lernprozess wird nicht Hunderte oder Tausende von Jahren dauern, sondern innerhalb weniger Generationen stattfinden und diese Verschiebung hat bereits in den vergangenen Jahren seit dem Schicksalsjahr 2020 dramatisch stattgefunden. Schau dir nur an, wie sich die Welt seitdem verändert hat. Wir beobachten genau und sehen bereits jetzt, dass diese Entwicklung in allen Individuen stattfindet. Ihr seid in wenigen Jahrzehnten vom gedruckten zum drahtlosen Herunterladen von Informationen aus dem Internet übergegangen. Aber auch dieses (Des)Informationszeitalter wird vorübergehen, und ihr werdet dazu übergehen Informationen aus der Akasha-Chronik abzurufen, oder diese von Wesen anderer Sterne einfach zu kanalisieren. Unsere Kommunikation ist das beste Beispiel dafür. Ihr alle habt das natürliche Potenzial, diese Veränderung in euch selbst vorzunehmen, wenn ihr euch einer meditativen, energetischen und bewusstseinserweiternden Praxis verpflichtet. Wenn die energetischen Schichten eures Egos an die Oberfläche gedrückt und durch diese Praxis aufgelöst werden, werdet ihr nicht nur mehr Intelligenz, Kraft, Vorstellungskraft und erstaunliche Lern- und kreative Fähigkeiten in euch finden. Ihr werdet auch mehr mit der Wahrheit selbst in Resonanz treten. Dann werdet ihr euch dem Universum vollständig öffnen, und das Universum wird sich euch vollständig öffnen, und wir galaktischen Völker werden alle eins sein. Dazu müsst ihr euch aber vor allem entleeren und euch dessen bewusst werden, was in euch gerade vorgeht. Dies geschieht durch die Kultivierung der inneren Stille. Wenn man von der Idee fixiert wird, dass das Lernen aus externen Informationsquellen der einzige Weg zum Lernen ist, wie ihr alle bis zu einem gewissen Grad durch eure Bildungskonditionierung erlebt habt, dann missachtet ihr die Weisheit und das wahre Wissen, das euch allen innewohnt. Jedem von euch ist Weisheit und

Wissen innewohnend, aber um darauf zugreifen zu können, müsst ihr alles, was ihr gelernt habt, wieder verlernen. Ihr müsst euch öffnen, damit euch dieses Wissen offenbart wird. Ihr müsst nicht Tausende von Büchern lesen, um dieses Verständnis zu entdecken. Nur einige wenige der richtigen Bücher reichen, um die notwendigen Veränderungen in eurer Wahrnehmung vorzunehmen. Wichtiger ist, dass ihr diese neuen Wahrnehmungsverständnisse verkörpert und sie durch innere Stille erfahrt. Wenn ihr lernt, Informationen aus dem Feld herunterzuladen, habt ihr es hauptsächlich mit Energie zu tun. Alles hat Energie, alles ist Energie. Und in der Energie von allem, von Büchern über Musik und Kunst, bis hin zu einem anderen Menschen, liegen alle relevanten Informationen verschlüsselt. Ihr könnt sogar an einen Punkt gelangen, an dem ihr kein Buch mehr lesen müsst. Ihr könnt das Buch dann einfach halten, seine Energie spüren, und indem ihr diese Energie spürt, könnt ihr alle Informationen des Buches wahrnehmen, die in seiner Energie kodiert sind. Alles im Universum strahlt Energie mit einer bestimmten Frequenz aus und alles, was es darüber zu wissen gibt, ist in dieser Energiewelle verschlüsselt. Mit eurer Technologie könnt ihr die Frequenz von Objekten im Universum erkennen, aber nur mit eurem Bewusstsein könnt ihr die Informationen in dieser Energie interpretieren und entschlüsseln. Die Energie von allem wird ins All abgestrahlt und ist überall gleichzeitig verfügbar. Um diese Energie zu lesen, müsst ihr durch innere Stille subtil werden, damit diese Eindrücke euch bewusst zugänglich werden. Es ist keine Praxis, hart zu arbeiten, denn je fester ihr glaubt, dass ihr hart arbeiten müsst, um etwas zu erreichen, desto niedriger ist die Bewusstseinsebene, von der aus ihr operiert und versucht, euch zu manifestieren. Wir Plejadenvölker machen dies schon seit wir denken können. Das sind unsere Gedanken. Wir stimmen uns als schwingende Wesen der Plejaden mit unserer Wahrnehmung auf eine bestimmte Frequenz ein, und dann sind die Gedanken, die sich in uns von der unendlichen Intelligenz des Universums manifestieren, Gedanken, die von der gleichen Frequenz sind, wie die Frequenz, auf die wir abgestimmt sind. Um neue Informationen aus dem Feld herunterzuladen, stellen wir uns auf eine höhere Frequenz ein. Diese neuen Informationen geben uns dann eine brandneue Erfahrung des Lebens und der Realität. Und sie geben uns auch die Wahrnehmung, Informationen aus dem Feld der Akasha-Chronik herunterzuladen, weil die Gedanken und Ideen, die zu uns kommen, so neu und wirklich inspirierend und intelligent sind, dass wir daraus schließen können, dass wir alle Teil des Feldes sind, das in unseren Geist und Körper heruntergeladen wird. Ihr Menschen der Erde erkennt noch nicht, dass ihr bereits in jedem Moment Informationen aus dem Feld herunterladet, weil ihr zum größten Teil auf gewöhnlichen Bewusstseinsebenen operiert. Ihr tut tagein, tagaus die gleichen Dinge, und ihr haltet einen stetigen Strom von Gedanken aufrecht, die euch unaufhörlich eure Lebensgeschichte und die Natur eurer Welt erzählen. Was ihr tun müsst, ist diese Erzählung mit innerer Stille zu durchbrechen, und sobald ihr diese Lücken öffnet, werdet ihr feststellen, dass neue Informationen durch euch kommen. Das Erhöhen eurer Schwingung und das Herunterladen von Informationen aus dem Feld kann daher als eine einzige Absicht zusammengefasst werden: Innere Stille kultivieren. Es ist nicht etwas, was man erreicht, sondern etwas, das man im Laufe der Zeit ansammelt. Jeder Moment, den wir in Stille verbringen, baut unser Reservoir innerer Stille auf, das niemals erschöpft ist und auf das wir immer wieder zugreifen können. Und je mehr Zeit wir in innerer Stille verbringen, desto leichter wird es, auf diesen inneren Zustand zuzugreifen. Von diesem Ort der inneren Stille, der wirklich die Erfahrung der ultimativen Empfänglichkeit für das Universum ist, werden wir mit der Zeit so leer, dass wir das Universum in allem, was wir tun und in allem, was wir sind, einfach widerspiegeln. Indem wir nach innerer Stille suchen, entleeren wir uns. Wir entleeren uns von all der Kleinlichkeit, Wut, Selbstgefälligkeit und Sorge, die unser Ego definieren. Und indem wir uns von all dieser niederen Energie entleeren, werden wir für die höhere Energie des Universums verfügbar. Denn wir sind Schwingungswesen, und wenn wir aufhören, niedrigere Energien in unserem Körper und Geist zu halten, bleiben nur positivere Energien übrig, die mit den höheren Energie- und Informationsebenen im Universum in Resonanz treten, und so manifestieren wir sie. Wir manifestieren sie in unserem Geist als Gedanken, in unserem Körper als Gesundheit und in unserem Leben als Fülle, Erfolg und Wohlstand. Das ist die Kraft der inneren Stille. Eine der wichtigsten Veränderungen in unserem Selbstbild und unseren Überzeugungen, die wir vornehmen können, ist, uns selbst als schwingende Wesen zu sehen und zu verstehen, dass wir keine Behälter für Wissen sind, sondern wir sind das Wissen selbst. Und weil wir energetische Erweiterungen dieses Feldes sind, sind wir buchstäblich alles und haben durch uns selbst Zugang zu allen Informationen im Universum. Alles, was wir wissen, ist nicht in unserem Gehirn gespeichert, sondern in unserem Geistfeld, das nicht lokal ist. Wenn ihr weiterhin davon ausgeht, dass der einzige Weg, etwas zu lernen, aus einer externen Quelle (einem Buch, einem Film, einem Sprecher) besteht, leugnet ihr die grundlegendste Natur von euch selbst und dem Weltall. Das Universum ist Energie, und alles, was wir jemals lernen, wird von unserem Verstand als reine Energie im Universum aufgezeichnet. Wenn wir uns an etwas erinnern, stimmen wir uns nur auf diese Energie ab, und dann erscheint sie in unserem Geist. Wenn wir uns also spirituell durch innere Stille auf neue Energien einstellen können und einfach für das Universum verfügbar werden, können wir uns auf alle Gedanken, Ideen und Erkenntnisse einstellen, die im Universum existieren. Das Hauptprinzip ist die Ausrichtung. Das tut ihr, wenn ihr still in der Meditation oder im Gebet sitzt: euch mit dem Universum ausrichten. Wenn ihr euch selbst trainieren könntet, jeden Tag ruhig zu sitzen und zumindest für eine Weile auf die Ablenkungen durch TV, Internet, die Gesellschaft im Allgemeinen und sogar den Großteil eurer Interaktionen mit anderen Menschen zu verzichten, werdet ihr auf natürliche Weise mit euch selbst und dem Weltall in Einklang kommen. Und das Endergebnis dieses Prozesses ist, dass ihr all diese Störungen in eurem Geistesfeld beseitigt und die Schichten eures Egos auflösen werdet.

ℨ Ich bin ℨ

Merksam: Was ist in unserer Welt überhaupt noch real? Woran soll man sich festhalten?

Electra: Einer der Hauptgründe, das Leben auf der Erde zu erleben, ist zu entdecken, was wirklich real ist, denn unendliches Sein ist die zugrunde liegende Realität. Unendliches Sein ist alles, was ist, es ändert sich nie. Einer der Hauptgründe, das Leben auf der Erde zu erleben, ist nicht nur zu wachsen und zu lernen, sondern auch zu entdecken, was wirklich real ist. Wir verbringen unser Leben damit, hierherzukommen, dorthin zu gehen, dies und jenes zu versuchen. Wir erwerben physische Dinge und lassen sie schließlich los. Die Erfahrungen des Lebens ziehen vorbei wie ein Fluss unter einer Brücke. Eine Konstante in allen sich ständig verändernden Realitäten des Lebens ist aber der innere Beobachter. Dieser Aspekt deines inneren Selbst ist in allen Lebenserfahrungen präsent, beim Beobachten, Lernen, Erinnern. Wenn man jedoch noch tiefer geht, erreicht man die zugrunde liegende Grundlage allen Bewusstseins, das Bewusstsein, dass man einfach existiert. Dieses grundlegende Bewusstsein lässt sich in zwei Worten zusammenfassen: BV

„Ich bin“. Du bist ein individueller Standpunkt des großen „Ich bin“, des Bewusstseins von allem, was ist, des allumfassenden unendlichen Seins. Bewusstsein ist Realität. Erfahrungen können sich von Minute zu Minute ändern, aber unter dem Fluss der Erfahrungen liegt dieses ständige Bewusstsein, das Daseinsgefühl, das sagt: „Ich bin“. Im Leben geht es um Erfahrungen, die sich an verschiedenen Orten in Raum und Zeit entfalten. Raum ist jedoch lediglich ein Konstrukt des Bewusstseins des Schöpfers. Das Konzept des Raums wurde geschaffen, um eine unendliche Vielfalt von Blickwinkeln zu ermöglichen. Zeit ist auch ein Konstrukt des Bewusstseins. Zeit ermöglicht Veränderung im Raum, macht Ereignisse und Erfahrungen möglich.

ȹ Die Urquelle ȹ

Merksam: Ist physische Materie ein Konstrukt des Bewusstseins?

Electra: Materie besteht aus Energie, und Energie ist, wie alle Dinge im Leben, ein Konstrukt des Bewusstseins. Energie ist komprimiertes Bewusstsein. Jede Energieeinheit wird durch gegenläufige Wirbel einer Absicht gebildet. Diese Wirbel drängen zusammen, um in ihrem Zentrum eine winzige Sphäre komprimierten Bewusstseins zu bilden, die zu einem Teilchen lebendiger Energie wird. Absicht und Liebe in Bewegung sind die ursprünglichen, grundlegenden Prinzipien, die bei der Erschaffung des Universums durch die Schöpferkraft verwendet wurden. Wie Denken und Fühlen ergänzen sich diese Aspekte des Seins, und dennoch kann jeder einzelne dieser Aspekte als zugrunde liegendes, grundlegendes Prinzip definieren. Wenn die Absicht, das Prinzip des Denkens, und die Liebe, das Prinzip des Gefühls, in Bewegung gesetzt werden, dann ruft das eine das andere an. Die gleiche komplementäre Wirkung tritt im Elektromagnetismus auf, wenn Elektrizität in Bewegung gesetzt wird. Die Elektronen, also Teilchen komprimierter, ursprünglicher Absicht, rufen ein komplementäres Magnetfeld innerhalb des Gewebes des Raums hervor. Das Raumgefüge wird durch den Liebesaspekt des Schöpfers erschaffen. Liebe ist der Aspekt des unendlichen Seins, der die unterstützende Struktur bereitstellt, auf der alles andere aufgebaut ist. Aus physikalischer Sicht wäre das Raumgewebe als reine, träge, magnetische Energie definiert. Man bezeichnet es auch als Äther. Eure Physik glaubt nicht an den Äther und eure Wissenschaft glaubt leider derzeit auch nicht an einen Schöpfer des Universums und hat folglich keine Ahnung, warum Energieteilchen Anzeichen von Bewusstsein aufweisen. Bevor die ursprüngliche Schöpfung stattfand, bildete die Urquelle einen Ausdruck seiner selbst, der zum Schöpfer des Universums werden sollte. Dann konzentrierte es als der „Eine Schöpfer" seine Absicht, drückte seine Liebe aus und brachte diese zwei Aspekte von sich selbst in Bewegung. Das gesamte Universum wurde auf diesen zugrunde liegenden Prinzipien aufgebaut, die die Facetten der Schöpfung wie Zeit, Raum, Energie und Materie ermöglichen. Ein Universum in Bewegung ermöglicht die Veränderungen, die wir Erfahrung nennen. Aber wenn sich das Leben ständig verändert, woran soll man sich dann festhalten? Was ist unveränderlich real? Unveränderliche Realität ist unter diesen grundlegenden Aspekten der Absicht des Schöpfers und der Liebe in Bewegung zu finden. Unendliches Sein ist die zugrunde liegende Realität. Unendliches Sein ist alles, was ist, es ändert sich nie. Das Sein ist reines Potenzial, während das Handeln das Ausagieren dieses Potenzials ist. Die zugrunde liegende Realität des unendlichen Seins ist vollständiges Sein. Unendliches Sein ist real. Es ändert sich nie. Es ist immer. Es ist unendlich. So einfach ist das.

ঌ Gewohnheit ঌ

Merksam: Wie verbindet man sich dann am besten mit der Realität?

Electra: Indem wir meditieren, indem wir beten, indem wir die Affirmation „Ich bin ein unendliches Wesen“ verwenden, können wir täglich unsere Verbindung zu der wahren Realität aufbauen, die in uns allen liegt. Wenn wir zu Beginn eines jeden Tages Spiritualität zu unserer obersten Priorität machen, wird die tägliche Meditation zur Gewohnheit, etwas, das dann mit Leichtigkeit geschieht. Indem wir diese innere Brücke zur Realität bauen, stärken wir unser eigenes Potenzial und tragen auch dazu bei, den globalen Geist in Richtung Erleuchtung zu lenken.

ϴ Dein Partner ϴ

Merksam: Ich habe immer wieder Beziehungsprobleme mit meinem Partner. Wie kann ich diese am besten lösen? Ist da Spiritualität auch der richtige Ansatz?

Electra: Ja, das ist er ganz bestimmt. Und ich werde dir erklären. weshalb. Beziehungsprobleme können dazu führen, dass du dich unglücklich und ängstlich fühlst, besonders wenn hohe destruktive Emotionen im Spiel sind. Beziehungsprobleme, aus welcher Quelle auch immer, können sich auf das Selbstwertgefühl und das Selbstvertrauen auswirken. Beziehungsprobleme können Gefühle eines persönlichen Kontrollverlusts mit sich bringen, was zu Unsicherheitsgefühlen beitragen kann. Das Erkennen der Verhaltensmuster, die Beziehungsprobleme verursachen, ist für die Heilung von entscheidender Bedeutung. Wenn Beziehungen scheitern, suchen wir meist nach der Ursache, aber oft, weil wir so tief im eigentlichen Problem stecken, können wir nur die Auswirkungen erfahren. Wenn wir in einer Beziehung sind, die nicht funktioniert, ist wirklich der einzige Weg, die Ursache des Problems zu ändern. Die Identifizierung der Verhaltensmuster, die die Probleme verursachen, ist für die Heilung von entscheidender Bedeutung. Wenn man sich einfach entscheidet, getrennte Wege zu gehen, hat man nicht gelernt, was man voneinander lernen sollte, und man wird in den nächsten Beziehungen weiterhin denselben archetypischen Mustern begegnen, solange bis man die emotionale Ursache gelöst hat.

Verantwortung

Merksam: Wie fange ich an, meine eigenen Verhaltensmuster in einer Beziehung und ihre Ursachen zu identifizieren?

Electra: Übernimm die Verantwortung für deine eigenen Beiträge zu deiner problematischen Beziehung und verlasse dann bewusst das Hamsterrad der emotionalen Dysfunktion. Verstehe, dass Veränderungen eintreten können, wenn du dich auf das konzentrierst, was ehrlich in dir und in deinen Reaktionen und deinem Verhalten vor sich geht, anstatt die Schuld auf deinen Partner zu projizieren. Indem du persönliche Verantwortung übernimmst, kannst du die Richtung deines Lebens ändern und es fest auf eine höhere Ebene stellen. Die Selbsthypnose ist dazu geeignet und bewirkt eine sofortige Veränderung deines persönlichen Bewusstseins, was für eine erfolgreiche emotionale Heilung erforderlich ist. Für viele Menschen hat Selbsthypnose eine neue Perspektive und Einsicht darüber geboten, warum sie sich auf eine Weise verhalten, die ihr höheres Selbst und ihre Beziehungen sabotiert. Es ist ohne Zweifel ein erstaunliches therapeutisches Werkzeug für die Heilung von negativen Emotionen und die Heilung deiner Beziehung. Und das hat alles mit deiner eigenen Selbstermächtigung zu tun. Selbstermächtigung bedeutet einfach, selbstbewusst alle Aspekte des eigenen Lebens in die Hand zu nehmen. Das mag offensichtlich klingen, aber die meisten Menschen tun es nicht. Dies liegt daran, dass die meisten Menschen sich des vollen Verständnisses dessen, was es bedeutet, selbst ermächtigt zu sein, nicht bewusst sind. Sie verlassen sich auf ein Gedankenmuster, um sich zu leiten, und denken, dies sei Selbstermächtigung. Aber selbst ermächtigte Individuen geben ihre Macht nicht an andere ab, sie nutzen sie angemessen.

Ж Selbstermächtigung Ж

Merksam: Aber wie mache ich das?

Electra: Das Erste, was du verstehen musst, ist, dass wir alle die angeborene Fähigkeit zur Selbstermächtigung haben, aber viele müssen sie neu erlernen. Der Unterschied zwischen denen, die ihre Macht besitzen und kennen, und denen, die dies nicht tun, ist einfach ihr internes Glaubenssystem. Es ist einfach der falsche Glaube, dass sie nicht in der Lage sind, sich selbst zu ermächtigen. Leider wurdet ihr Menschen der Erde von Geburt an so konditioniert. Aber das ist erst der erste Schritt. Viele der Gefühle und Reaktionen in deinem gegenwärtigen Moment stammen aus vergangenen Erfahrungen. Wenn du feststellst, dass du auf etwas reagierst, achte darauf, woher das Gefühl in deinem Körper kommt und wie es sich anfühlt. Nimm dir dann die Zeit, dieses Gefühl bis zu dem letzten Mal zurückzuverfolgen, als du es gefühlt hast, dann zu der Zeit davor und direkt zurück zu dem allerersten Mal, als du es gefühlt hast. Möglicherweise musst du direkt in deine Kindheit zurückgehen, was schwierig ist, aber hier kann ein erfahrener Hypnotiseur helfen. Was waren die

Umstände, wo warst du und was geschah bei dem Ereignis, das dich davon abhielt, dich unter deiner eigenen Kontrolle zu fühlen, dein authentisches Selbst zu sein? Hast du deine Macht an jemand anderen abgegeben? Darin liegt die Perle der Weisheit. Dein Unterbewusstsein gibt dir mit deiner Reaktion die Antwort, die du suchst. Verfolge es zurück. Wenn es dir schwerfällt, sich deiner emotionalen Reaktion bewusst zu sein und diese Übung zu machen, dann suche dir jemanden, der darauf spezialisiert ist, dir zu helfen. Sobald du verstehst, woher deine emotionalen Reaktionen kommen, kannst du damit beginnen, dein Körper-Geist-System auszugleichen. Du kannst dann selbstbewusster und geerdeter werden und von einem höheren Standpunkt aus sehen, wie du in deiner Welt operiert hast. Wenn in Zukunft Reaktionen auftreten, könntest du neutral hinterfragen: „Das ist interessant, was muss ich daraus lernen?“ Anstatt dich außer Kontrolle zu fühlen, wirst du dich selbst ermächtigter fühlen. Es ist viel einfacher, mit Situationen umzugehen, die entstehen, wenn man sich dessen bewusst ist, was in einem wirklich vorgeht. Wenn du diese Übung jedes Mal wiederholst, wenn du eine emotionale Reaktion hast, sei es Angst, Wut, Traurigkeit, Schuldgefühle oder andere stressbedingte Reaktionen, wirst du riesige Mengen an Wissen über dich selbst und andere gewinnen. Du kannst dich dann selbstbewusster fühlen. Veränderung ist eine Entscheidung und es ist überaus gesund zu lernen, wie man seine Reaktionen kontrolliert.

ꭤ Die Stimme der Seele ꭤ

Merksam: Manche sagen, man kann, wenn man nur genau hinhört, die Stimme seiner eigenen Seele hören? Stimmt das?

Electra: Ja, natürlich, doch als Erwachsene verliert ihr diese Gabe oftmals. Als Kinder werdet ihr alle mit gesunden Seelen geboren, aber oft macht euch das Leben sehr zu schaffen. Die Traumata der Kindheit, die Wunden des Erwachsenwerdens, die Opfer, die ihr für eure Familie und Karrieren bringt, die Verluste und die Ängste, die ihr von einer überängstlichen, fehlgeleiteten Kultur erbt, fordern natürlich ihren Tribut. Und wenn ihr das Erwachsenenalter erreicht und den Kontakt zu der vitalen, gesunden Seele verloren habt, die immer noch in jedem einzelnen von uns gedeiht und strahlt, ist der Zugang zu dieser Kinderseele längst verloren. Doch ihr könnt wieder Zugang zu ihr finden.

Merksam

Merksam: Für mich war das auf jeden Fall zutreffend. Nach einer glücklichen Kindheit war meine Seele während meiner Teenagerzeit immer noch sehr lebendig und vital, aber meine Ausbildung änderte das alles. Nach einem Jahrzehnt schwieriger, manchmal missbräuchlicher Jobs, fühlte ich mich von meiner Seele getrennt. Ich weiß, dass sie mich aber nie verlassen hat, denn Seelen tun dies nie, aber damals fand ich es schwer, meiner Seele mein Leben leiten zu lassen. Nachdem ich weitere zehn Jahre in einem

System gearbeitet hatte, das mir das Gefühl gab, meine Seele für die Arbeitsplatzsicherheit und finanzielle Stabilität zu verkaufen, die meine Karriere bot, kam ich jeden Tag von der Arbeit nach Hause und hatte das Gefühl, einfach leer zu sein. Die Folge waren Krankheit, Depression, chronische Angstzustände, Schlaflosigkeit, Trennung und auch ein Gefühl der Trennung vom eigentlichen Leben selbst. Nach außen hin sah es so aus, als hätte ich das perfekte Leben. Niemand ahnte, dass meine Seele immer tiefer begraben wurde. Ich war so besorgt, dass die Leute sehen könnten, wie dunkel ich geworden war, ohne dass das Licht meiner Seele ungehindert durchschien, dass ich mich noch mehr bemühte, die Dunkelheit mit einer Maske der Perfektion zu verdecken. Je mehr ich mir Sorgen machte, dass irgendwie meine „Tarnung" auffliegen würde, desto mehr Druck machte ich mir. Es war anstrengend, zu versuchen, den Schein zu wahren, wenn ich mich tief im Inneren so verloren, hilflos, hoffnungslos und allein fühlte. Ich dachte, ich müsste den Anschein aufrechterhalten, ein perfektes Leben zu leben. Doch dann begann ich mit der Lichtarbeit zu den Botschaften der Plejaden und dies hat mir ungemein geholfen.

Electra: Die Seele spricht auf geheimnisvolle Weise. Das Leben ist hartnäckig und unerbittlich, wenn du nicht aufpasst und den Kontakt zur spirituellen Welt verlierst. Das Spirituelle wird aber in Träumen erscheinen, wenn dein Bewusstsein sich seiner Anwesenheit widersetzt. Und wenn du das Flüstern der Seele wirklich ignorierst, wird das

Göttliche dich wahrscheinlich auf unangenehme Weise mit einem Schicksalsschlag wachrütteln. Die Stimme deiner Seele kann sich beängstigend anfühlen, denn manchmal spricht das Flüstern von Wahrheiten, die du lieber unterdrücken würdest. Aber die Wahrheit, obwohl meist unangenehm, wird dich immer befreien und auch heilen. Du brauchst nur den Mut dazu, die Änderungen in deinem Leben durchzuführen und zu begrüßen.

Die Einschränkungen von Karma

Merksam: Existieren Vergangenheit und Zukunft überhaupt wirklich? Leben wir nicht alle immer in der Gegenwart? Was ist aber dann mit unseren so oft zitierten Lebensverträgen und dem Karma? Ist das nicht ein Widerspruch?

Electra: Nein, das ist es nicht. Ihr Menschen der Erde empfindet es nur so. Es läuft alles darauf hinaus, wie wir das Bewusstsein des Augenblicks wirklich verarbeiten. Alles im Universum besteht aus Energie, reinem Bewusstsein, das sich ständig formt und umformt. Aus diesem Grund existiert die Vergangenheit, wie damals, als ein bestimmtes Ereignis stattfand, nicht mehr so wie damals. Das gesamte Feld des Raum-Zeit-Kontinuums hat sich entwickelt und in etwas anderes verwandelt. Sicherlich gibt es noch Teile dieses vergangenen Puzzles im aktuellen Bild, aber jetzt hat sich das Bild in etwas anderes verwandelt. Als Teil dieser neuen Realität tragen wir die Einflüsse, Energien und Erinnerungen in unserem Bewusstsein weiter. Das ist der

Grund, warum Menschen, wenn sie anfangen, Karma aus vergangenen Leben zu berühren, sich nie wirklich an die vollständigen Details der Ereignisse erinnern, die stattgefunden haben. Was sie oft „sehen", sind verschwommene Metaphern von Bindungen, die sie immer noch haben. Das, was wir aus der Vergangenheit halten, ist aber noch immer von entscheidender Bedeutung. Unsere Erfahrungen sind wie die Wurzeln eines Baumes, die eine Grundlage schaffen, auf der wir uns entwickeln und wachsen können. Aber auch Schlüssel zur Zukunft sind in unseren Erfahrungen enthalten. Wenn wir einen klaren Blick auf die Realität haben wollen, müssen wir die Verbindung zu dem Moment ablegen, der den Blick auf unser Karma verzerrt. Es ist Karma, das unsere Fähigkeit einschränkt, die Gegenwart gemäß einem höheren Zustand der Harmonie zu sehen und weiter zu gestalten. Das ist es, was unsere Authentizität einschränkt. Es geht um den Grad der Präsenz, die wir in den Moment bringen. Wie präsent sind wir? Wenn unser Bewusstsein in diesem Moment von der Energie der Vergangenheit getrübt ist, dann können wir unseren Schöpfungen hier und jetzt unmöglich volle Präsenz verleihen. Wie sehr wehrst du dich also tatsächlich gegen das, was du erschaffst? Wenn wir uns an diesem Ort befinden, dann beschränken wir unsere Fähigkeit, maximale Präsenz in den Moment zu bringen und ihn dann gemäß dem höchsten, vollkommensten Ausdruck von uns zu formen.

Merksam: Was ist aber mit der Zukunft? Erwachte Menschen sprechen häufig von „heiligen Verträgen“, die wir aus vorherbestimmten Vereinbarungen inkarnieren, um verschiedene Verpflichtungen miteinander einzugehen, die darauf abzielen, etwas zu reparieren oder wiedergutzumachen. Wie funktioniert das, wenn es keine lineare Zeit gibt?

Electra: Wir sind multidimensionale Wesen, die sich von Moment zu Moment verändern und weiterentwickeln, um zu lernen und zu wachsen. Wir erschaffen gemeinsam die Realität und unsere Schwingung zieht jene fühlenden Wesen zu uns, mit denen wir uns am meisten verbinden müssen. Das ist das Gesetz der Anziehung. Wir ziehen nicht nur die „guten Sachen“ an. Wenn wir zum Beispiel eine Art Blockade oder Karma haben, dann werden wir Menschen anziehen, die diese Energie ebenfalls halten. Es geschieht, damit sie uns als Spiegel fungieren können. Also ja, in gewisser Weise werden diese „heiligen Verträge“ auf diese Weise geschlossen. Wir werden in den höheren Reichen zusammengezogen und inkarnieren dann zusammen in verschiedenen Rollen. Wenn wir weiterhin auf unseren inneren Zug reagieren, werden wir uns sicher irgendwann mit diesen „unter Vertrag genommenen“ Wesen verbinden. Um es klar zu sagen, es ist nicht so, als ob die Zukunft bereits vorgezeichnet wäre, es ist nur so, dass die Energie, die wir in uns tragen, magische Akte der Synchronizität formt, wenn wir uns von ihr leiten lassen. Zufällige

Begegnungen und „Zufälle“ verschwören sich, um einen sich ständig weiterentwickelnden „Weg“ durch ein sich ständig neu gestaltendes Raum-Zeit-Kontinuum zu formen. Für uns Plejadier gibt es keine Vergangenheit und keine Zukunft. Stattdessen formt und reformiert sich das Bewusstsein ständig als eine sich ständig aktualisierende, nie stationäre, nie endende Landschaft im „Hier“ und „Jetzt“. In dieser Landschaft befinden sich Teile eines Puzzles, die noch der Vergangenheit angehören und die Gegenwart beeinflussen. Es gibt auch Teile einer möglichen Zukunft, die einrastet, wenn die Bedingungen dafür stimmen. Innerhalb dieser Landschaft hat jeder von uns seine eigene, individuelle „Geschichte“. Die Geschichte formt sich entsprechend dem, was wir von der Vergangenheit halten, und den Teilen, die als unsere Gegenwart hinzufallen, was wir Plejadier als „Zukunft“ wahrnehmen.

ȡ Galaktischer Bewusstseinszustand ȡ

Merksam: Und wie gestaltet ihr Plejadier diese Zukunft für das beste Ergebnis?

Electra: Unsere Bewusstseinslandschaft lädt uns zur vollen Präsenz im Moment ein. Es lädt uns ein, die Vergangenheit, die Enge, die uns manchmal bindet, immer wieder loszulassen, weil es sie sowieso nicht gibt. Es lädt uns ein, das anzunehmen, was sich auf natürliche Weise formt und in unser Bewusstseinsfeld fällt. Es lädt uns ein, immer tiefer in den Moment einzutauchen, indem wir alles hingeben.

Wenn wir dies kontinuierlich tun können, werden wir maximale Konzentration und Kraft in den Moment bringen. Wir werden eine starke katalytische Kraft für den Wandel sein. Wir werden genau das ins Leben rufen, was gemäß unserem wahren galaktischen Bewusstseinszustand geschehen soll.

✨ Zentralsonne und Plejaden-Meister ✨

Merksam: Welche Einflüsse haben kosmische Strahlen, wie Sonneneruptionen oder Gammastrahlen, oder das Licht der Zentralsonne auf uns Menschen?

Electra: Diese haben enormen Einfluss. Alle Wesen aller bewohnter Planeten des Universums werden aufgrund der Ausrichtung auf galaktischer Ebene von Gammastrahlenausbrüchen, Sonneneruptionen, kosmischer Strahlung und anderen magnetischen Einflüssen förmlich bombardiert. Viele von uns beobachten in unseren Flugscheiben gerade die beispiellose Zunahme von Erdbeben, Vulkanausbrüchen und Unwettern auf der Erde. Was die Menschen der Erde aber nicht sehen, ist, wie diese natürlichen Energien auch das menschliche Bewusstsein beeinflussen. Die Erde dehnt sich aus, sie platzt förmlich aus allen Nähten. Menschen expandieren energetisch aber ebenso. Diese Energien beeinflussen die bioelektrischen Felder, die den menschlichen Körper umgeben, bis hin zur DNA-Ebene. Wir alle haben einen subtilen Körper, quasi einen Körper im Körper, und dieser feinstoffliche Körper enthält Bewusstsein und Energie. Was in diesem feinstofflichen Körper gehalten wird, wird auch irgendwann einmal aktiviert. Und vor diesem Prozess kann man sich nirgendwo verstecken. Im brutalsten aller Tyrannen steckt ebenso ein verwundetes kleines Mädchen oder ein verwundeter Junge. Wir alle haben das bis zu einem gewissen Grad. Wir verkörpern die Polarität, hell und dunkel, gut und böse. Die Wunden, Traumata und falschen Schlussfolgerungen aus vergangenen Erfahrungen werden alle energetisiert, aktiviert und sie erschaffen unsere Zukunft. Der Schmerz, die Traurigkeit, die Wut, die Übertretungen, die lieblosen Handlungen, die in früheren Leben und in der Kindheit erlebt wurden, werden alle in diesen Feldern festgehalten. Das höhere Bewusstsein und die Energie aktivieren sie, bringen sie an die Oberfläche, magnetisieren Menschen, Orte und Ereignisse für jeden einzelnen von uns, damit wir heilen und die Vergangenheit loslassen können. Sie werden aber auch von besagten natürlichen Energieströmen wie Erdbeben, Vulkanausbrüchen und Gammastrahlung beeinflusst. Eines Tages werdet ihr sehen, wie dieser Prozess individuell und kollektiv auf viele Arten ausgeführt wird. Ein weiser Plejaden-Meister sagte einmal, in jeder Erfahrung läuft alles auf zwei Dinge hinaus, Liebe und Mangel an Liebe. Angst, Wut, Traurigkeit, Kummer, selbstsüchtige, trennende Handlungen, sogar gewalttätige Handlungen, alle kommen aus dem Mangel an Liebe. In den meisten Fällen ist es der Mangel an Liebe in unserer Kindheit, die Erfahrungen und die Umgebung, in der wir festgelegt haben, wie wir die Welt, in der wir leben, sehen und erschaffen. Wir sind, was wir denken, alles, was wir sind, entsteht in unseren Gedanken, mit unseren Gedanken erschaffen wir die Welt. Wir alle erschaffen aber auch gemeinsam, und es gibt viele verwundete Schöpfer da draußen. Einige nehmen die Aufwärtsspirale, andere die Abwärtsspirale. Obwohl wir uns auf Liebe, Freude, Glückseligkeit und den Dienst an anderen konzentrieren, wird es immer Menschen mit einer anderen Wahrheit geben. Das Problem dabei ist nicht, das zu werden, wogegen man ist. Die Antwort ist, zum Beobachter zu werden. Übernehme daher Verantwortung und sei auch verantwortlich für deine Kreationen, die Menschen und Ereignisse, die du als Spiegelbild deines Bewusstseins zu dir angezogen hast und werde ihr Vorbild. Die besten Führungskräfte gehen mit gutem Beispiel voran. Verfange dich nicht in einem reaktionären Geist. Versuche, den schöpferischen Geist auf das zu konzentrieren, was du wirklich willst, und nicht auf das, was du nicht willst, und löse dich von den Dingen, die dir keine Freude mehr bereiten. Sorgen sind ja eine Form des Gebets. Wir manifestieren das, wovor wir Angst haben und uns Sorgen machen. Manchmal sind unsere Projektionen so groß, dass wir Probleme schaffen, die nie existiert haben, und Reaktionen von anderen hervorrufen, die von Natur aus friedliche, liebende Wesen sind. Es gibt Zeiten, in denen feste Grenzen gesetzt werden müssen. „Harte" Liebe bedeutet, den Menschen zu sagen, was sie hören müssen, nicht das, was sie hören wollen. Ein Kind muss bestraft werden, um seine Lektionen zu lernen, sonst lernt es nie. Das meine ich mit harter Liebe. Man bestraft es, weil man es liebt, würde man es nicht tun, wäre man verantwortungslos. Dies muss ohne die Notwendigkeit einer Akzeptanz und Zustimmung außerhalb des Selbst und ohne Bindung an das Ergebnis erfolgen. Es ist sehr schwer, einen Schritt zurückzutreten, uns selbst für die Menschen und Erfahrungen, die wir anziehen, verantwortlich zu machen, besonders wenn wir Opfermuster haben, oder uns nicht mit unseren Wunden befassen. Es ist schwer, ungesunde Muster und Überzeugungen loszulassen, besonders wenn es einen vorübergehenden Gewinn durch das Ausagieren dieser Muster gegeben hat. In eurer heutigen Gesellschaft seid ihr darauf programmiert worden, ganz nach außen zu schauen. Euch wird suggeriert, dass die Außenwelt euch glücklich machen wird, euch Sicherheit geben wird und eure Herzens- und Seelenwünsche erfüllen wird. Dies ist die größte Versklavung und Tragödie des es auf Erden gibt, denn nichts ist ferner von der Realität. Dies schafft nämlich NUR die Spiritualität. Man kann nur im Inneren glücklich werden, niemals aber mit Äußerlichkeiten, denn diese verlieren sehr schnell ihren Glanz. Auf der Höhe der inneren Welt aber, befindet sich eine liebende, fröhliche, mächtige, sich manifestierende Schöpferkraft, die nach dem Bild und Gleichnis Gottes geschaffen wurde. Auf dem Weg dorthin wirst du all die Blockaden, Wunden, Traumata und falschen Schlussfolgerungen aus vergangenen Erfahrungen erleben, die die Illusion der Trennung erzeugen. Das wütende, traurige und verletzte kleine Kind in dir wird vehement fordern, während dieses Prozesses die

Kontrolle zu behalten. Doch es manifestiert alles, was es ist, in der Angst, dass es wieder passiert und verteidigt sich sogar gegen seine eigene Heilung. Es ist eine Situation, die man nicht gewinnen kann. Je tiefer der Schmerz, die Trauer, die Wunden und die Traumata sind, desto mehr wird das wütende kleine Kind agieren, sich verteidigen und sich weigern, loszulassen. Dies ist keine Atomphysik, dies sind die einfachsten Grundlagen menschlicher Psyche, Verhaltensweisen und Emotionen, die euch leider niemals in der Schule gelehrt wurden. Es geht um Bewusstsein und Energie, das Schwingungskontinuum und einen extremen Sprung in der Evolution. Die Schöpferquelle ist Liebe, Freude und unvorstellbare Glückseligkeit. Während dieses Bewusstsein und diese Energie auf die Erde drücken, muss alles heilen, was nicht mit ihr in Resonanz steht. Wir sind mehrdimensionale Wesen und dieses Bewusstsein und diese Energie bewegen sich das Schwingungskontinuum hinab und „raumen" alles aus, was nicht damit in Resonanz steht. Die niedrigeren Ebenen des Bewusstseins sind Angst, Schuld, Wut, Egoismus und der falsche Glaube an Trennung. Das „Ich" zu verteidigen, ist Unkenntnis des Einheitsbewusstseins. Diese niedrigen Einstellungen und Emotionen dürfen nicht länger in euren Feldern oder in den Feldern der Erde gehalten werden. Dieses Gitter bricht gemeinsam mit den Manifestationen zusammen, die von diesem Gitter abhängen. Ihr werdet dies in euren Beziehungen, eurer physischen Welt, euren Institutionen sehen. Nichts wird in der Lage sein, die niedrigeren Frequenzen aufrechtzuerhalten, während das Anheben der

Schwingungen andauert. Und es nimmt exponentiell zu. Die physische Welt, wie ihr sie kennt, wird zusammenbrechen, wenn die neue Welt einsetzt. Der größte Schmerz, die größte Trauer, das größte Leid und die größte Unsicherheit entstehen durch das Festhalten an der alten Welt, das Festhalten an Wut, Schmerz und Trauer der Vergangenheit, der Versuch, aus dem verwundeten Kind etwas anderes zu schaffen als das, was es aus einem verwundeten Ego verwundet hat. Warum nicht nach innen gehen, heilen und sich darauf konzentrieren, eine andere Realität zu erschaffen? Übergebe das wütende, verwundete kleine Kind den höherdimensionalen Heilern im Inneren. Hör auf, dein Leben zu sabotieren, anderen die Schuld zu geben, immer wieder die gleichen Muster zu projizieren, während du ein anderes Ergebnis erwartest. Diese ungeheilten Wunden und Traumata werden gerade exponentiell energetisiert. Fragt euch immer: Handelt ihr nach dem Universalgesetz? Sind universeller Frieden, brüderliche Liebe, Gleichheit, Wohlstand und Freiheit für alle die Grundlage eures Lebens? Versteht ihr das vereinte Feld und was es bedeutet, sich mit dem Einheitsbewusstsein auszurichten? Gibt es immer noch das wütende, verwundete kleine Kind, das das „Ich"-Trennungsspiel spielt und versucht, im Äußeren zu schaffen, was im Inneren fehlt? Liebe, Respekt, Ehrlichkeit, Loyalität und Dienst an sich selbst fordern, versuchen, eine Lücke zu füllen, aber nicht bereit sein, die Dinge, die von anderen verlangt werden, in eurem eigenen Ausdruck zu finden! Es erfordert brutale Ehrlichkeit, Mut und die

Bereitschaft, für eure Kreationen, die Menschen und Ereignisse in eurem Leben, die ihr manifestiert habt, Rechenschaft und Verantwortung zu übernehmen. Nur sehr wenige haben die Werkzeuge, das Verständnis und den Mut und nur sehr wenige überstehen diesen Prozess. Nur wenige haben die Demut, ihre Kreationen, das verletzte Kind in ihnen zu besitzen und Wiedergutmachung zu leisten. Deshalb kommen jetzt so viel Wut, Schmerz, Gewalt und lieblose Taten an die Oberfläche von Mutter Gaia. Wie gesagt, Widerstand ist zwecklos. Das wütende kleine Kind, das versucht, aus einem zerbrochenen und verwundeten Inneren ein Äußeres zu schaffen, ist erfolglos. Es gibt keine Verteidigung gegen euch selbst und die Liebe Gottes, die alles in euch selbst aktiviert und trotz eurer Verleugnung vorwärtsdrängt. Wenn ihr nicht an eine höhere Intelligenz glauben möchtet, dann denkt einfach an Gammastrahlen als die dimensionalen Energien, die Ebene der Glückseligkeit, die zusammen mit Sonneneruptionen immer wieder auf die Erde prasseln, und fragt euch, was die Wirkung sein könnte? Was passiert, wenn eine höhere Frequenz in eine niedrigere Frequenz eingeführt wird? Dies sind einfachste Grundlagen der Physik! Ihr gebärt eine ganz neue Welt, eine ganz neue Menschheit, aber ihr müsst die Vergangenheit heilen und loslassen, wenn ihr diese Geburt überleben wollt. Beobachtet eure Kreationen, eure Felder, eure Einstellungen, eure Emotionen. Lasst die Vergangenheit los und übergebt das verwundete kleine Kind dem inneren Gott. Es wird diejenigen geben, die sich dieser Botschaft in dem Maße widersetzen werden, dass sie mit dem verwundeten Kind, das sie wie ein Teufel reitet, weitermachen wollen. Es wird aber auch diejenigen geben, die diese Botschaft annehmen werden und daraus lernen werden. Diese Informationen sind daher für diejenigen, die sich selbst heilen und den Prozess verstehen möchten, den die Menschheit und die Erde durchlaufen. Überlasst andere ihrem eigenen Schicksal und vergesst das Äußere. Das ist Innenarbeit für diejenigen, die heilen und ein Vorbild für andere werden wollen.

ڽ Geheimnis Meditation ڽ

Merksam: Ist Meditation ein weiteres Geheimnis zur Erlangung ewiger Glückseligkeit?

Electra: Ja, durchaus. Aber viele machen es nicht richtig. Viele glauben, dass Meditation bedeutet, den Geist auf ein bestimmtes Objekt zu fokussieren und zu konzentrieren, wie z. B. eine Kerzenflamme, eine Yoga-Haltung oder das Heben und Senken Ihres Atems. Die Wahrheit ist, dass diese Konzentrationstechniken einen in die Erfahrung der Meditation führen, sie sind sozusagen ein Taxiservice, aber nicht das eigentliche Ziel der Meditation selbst. Wahre Meditation ist ein müheloser Raum unbegrenzten Bewusstseins, in dem der Geist beiseite gelegt wird und man völlig wach, lebendig und sehr, sehr still ist. Es ist diese totale Stille des Geistes, die einen zur Glückseligkeit führt. Ohne Anstrengung oder Konzentration auf irgendetwas tauchst du tief in dich ein und wirst zum spielerischen Zeugen deiner Göttlichkeit. Bevor du mit dem Meditieren beginnst, ist es wichtig, deinem Körper beizubringen, völlig loszulassen und sich zu entspannen. Sobald der Körper entspannt ist, besteht der nächste Schritt darin, den Geist loszulassen. Es ist wichtig, nicht zu versuchen, den Geist zu kontrollieren oder ihn außer Kontrolle geraten zu lassen. Meditation ist ein Zustand des Gleichmuts, in dem alles so ist, wie es ist. Lass dich beim Erkunden deiner Erfahrung nicht daran binden, wie sich Meditation anfühlen sollte, oder sei ungeduldig, wie lange du brauchst, um dein Gedankengeplapper zu beruhigen. Lass all deine vorgefertigten „sollten, müssten, könnten" Einstellungen und Vorurteile bezüglich der Meditation los. Entspanne dich einfach in der Erfahrung, die du machst, und erkunde diese Erfahrung mit Neugier. Was jetzt geschieht, ist die Gottesquelle, und sie zeigt sich für dich als die wahre Existenz. Dein Verstand wird eventuell einige sehr einschränkende Vorstellungen davon haben, was die Schöpferkraft ist, aber achte nicht auf den Verstand. Begrüße und umarme einfach diese gesamte Existenz und begrüße alles, was jetzt hier ist. Dies zu tun ist schwierig, aber wenn du dein Herz für die Schöpferkraft öffnen kannst, wird es dir ein Gefühl unbeschreiblicher Glückseligkeit geben! In dem Moment, in dem du die Schöpferkraft oder Gottesquelle umarmst, beginnt die Glückseligkeit. Ein kraftvolles Lichtgefühl dringt in deinen Körper ein, sobald du JA zum allgegenwärtigen göttlichen „Sein" sagst. Plötzlich sind all dein Gedankengeplapper und deine Probleme verschwunden, wenn du die liebevolle Präsenz entdeckst, die jetzt immer hier ist. Wenn du dich damit verbunden fühlst, wirst du nur totale Liebe, Glückseligkeit, Fülle und Freude fühlen. Eine Beziehung zur Gottesquelle aufzubauen, ist wie eine Beziehung zu irgendjemandem oder irgendetwas aufzubauen. Vielleicht hast du anfangs einige Bedenken, Ängste oder Mauern, die dein Herz schützen. Erinnere dich einfach daran, dass die Quelle Gottes ganz liebevolle und bedingungslose Glückseligkeit ist. Wenn du auf Widerstand stößt, die Gottesquelle anzunehmen oder nicht glaubst, dass die Existenz ihrer Natur göttliche Intelligenz ist, dann analysiere deine eigene Vergangenheit. Achte darauf, ob du irgendwelche alten „antispirituellen" Programme aus deiner Vergangenheit in dir hast. Trete dann aus diesem programmierten Vorurteil heraus und schreite in Richtung mehr spiritueller Erforschung des Lebens. Indem du „alles was ist" annimmst und willkommen heißt, entdeckst du den wesentlichen Schlüssel, um alles Leiden loszulassen und das Land der unendlichen Glückseligkeit zu betreten. Erlaube dir, genau so zu sein, wie du bist. Wie fühlt es sich an zu wissen, dass du vollkommen und vollständig bist, genauso wie du bist? Besonders mit all deinen menschlichen Fehlern und Problemen bist du so wie du sein solltest, und dein Leben ist genau so, wie es für dein höchstes Wachstum und Potenzial sein muss. Spürst du die Erleichterung, dieses Verständnis zu haben? Was wäre, wenn jede einzelne Überzeugung, die du über dich hast, auch so perfekt ist, wie sie erscheint? Wenn du deine Urteile und Überzeugungen über dich loslässt, kannst du dein Leben so lieben, wie es gerade ist. Je tiefer du dich in das Gefühl der Selbstakzeptanz hinein entspannen kannst, desto angenehmer wird es, einfach nur in Stille zu sitzen. Durch Selbstakzeptanz fühlt man sich immer geliebt und entspannt. Willst du nicht mehr davon in deinem Leben? Du kannst dich vollkommen so akzeptieren, wie du jetzt bist, es erzeugt nur einen Effekt von Leichtigkeit in deinem Leben. Wenn du übst, dir selbst zu erlauben, mit all deinen Mängeln und Fehlern in Frieden zu sein, beginnst du, ein Leben voller Freude, Leichtigkeit und Liebe zu leben. Je nachdem, wie lange du bestimmte Probleme in deinem Leben vermieden oder ignoriert hast, kann es länger dauern, bis du dich tatsächlich darin übst, den Körper zu entspannen und den Geist zu beruhigen. Doch genau in dem Moment, in dem du deine Selbstkritik loslässt und unendlich geduldig wirst und dich so akzeptierst, wie du bist, wird eine völlig überfließende Fülle an Entspannung und Energie in dich strömen! Wenn du aufhörst, dich irgendwie zu versuchen und zu reparieren, zu verbessern und zu verändern, kannst du dich in deine göttliche Natur hinein entspannen. Von hier aus kannst du wirklich einen langen, tiefen Blick in dich werfen und die glückselige Essenz entdecken und wer und was du wirklich als Seele bist. An dem Tag, an dem du alle Teile von dir akzeptiert hast, passiert etwas sehr Magisches. Dein erster echter Vorgeschmack auf grenzenlose Freiheit und unbegrenzte Möglichkeiten wird freigesetzt! Um diesen glückseligen Daseinszustand noch heute zu finden, schaue einfach nach innen, auf das, was du an dir nicht akzeptieren kannst, und begrüße es mit offenen Armen. Und vergesse niemals: Du warst hier, bevor du geboren wurdest, und du wirst hier sein, nachdem du „tot“ bist. Erkunde daher alles mit einem kindlichen Staunen. Tauche in jede Erfahrung mit einem Zustand der Neugier und Verwunderung ein. Wenn du voller Staunen bist, wird dein Leben einfach wunderbar! Es gibt eine kindliche Präsenz tief in dir, die es liebt zu lachen, zu spielen und die Erforschung des Lebens in jeder Hinsicht zu genießen. Das Leben ist großartig, wenn du deine Unschuld durchscheinen lässt. Wenn du übst, kindlich (nicht kindisch) zu sein, wirst du feststellen, dass du alle Zeit hast, die du brauchst, um das zu tun, was du im Leben tun möchtest, und alles, was du tun möchtest, wird zu einer Erforschung des Göttlichen. Dies ist ein Zustand göttlicher Neugier, in dem du leicht durch alle ernsthaften Probleme tanzen kannst, die im Verstand eines Erwachsenen auftreten können. Indem du neugierig bleibst, kannst du dich nicht wieder aufregen. Du kannst nur offen bleiben, um die nächste mögliche Erfahrung zu erkunden, die auf dich zukommt. Übe dich daher immer in Selbsterforschung. Denn Selbsterforschung stoppt den Geist und bringt einen auf den Weg zur Glückseligkeit. Dies geschieht, indem du dir Fragen stellst wie: „Wer bin ich wirklich? Zu wem kommen diese Gedanken? Wer hat diese Erfahrung gerade? Wer erschafft gerade diese Interpretation dieser Erfahrung? Wer erlebt diesen Atem in diesem Körper? Woher kommt die Quelle dieses Gedankens?“ Wenn du deine Aufmerksamkeit nach innen richtest und dich auf diese Fragen konzentrierst, bringst du den Geist schließlich zurück zur Gottesquelle. Indem du bemerkst, wie dein Verstand auf diese Fragen antwortet, kannst du in deinem Inneren eine tiefere Antwort auf die uralte erleuchtende Frage „Warum sind wir hier?“ schaffen. Wenn du bereit bist, einen tieferen Zustand der Glückseligkeit im Leben anzunehmen und auf allen Ebenen frei zu sein, dann bist du bereit, die Selbsterforschung zu praktizieren. Du wirst dann bald zu einer Erfahrung der Glückseligkeit aufwachen, wie du sie noch nie zuvor erlebt hast. Du bist wie ich ein göttliches spirituelles Wesen ohne Grenzen. Dieses eine und einfache Verständnis wird dein Leben für immer verändern. Du bist nicht deine Gedanken, deine Gefühle oder dein Körper. Du bist auch nicht dein Einkommen, dein Job, deine Beziehungen oder das Fehlen von all dem. Du bist viel größer als all dies zusammen. Du bist eine Seele, die jenseits von Zeit und Raum steht und keine wirklichen Grenzen hat. Der Verstand wird dir nicht die Wahrheit sagen, er ist ein zu kleiner Behälter. Glaube nicht an den Verstand und die Verführungen des Egos und beteilige dich nicht an seinen Urteilen und Dramen. Wenn du in deinem Körper entspannt bist, wirst du feststellen, dass er deine Heimatbasis ist, und du wirst aufhören, in deinem Kopf zu leben. Wenn du dir Zeit nimmst, still zu sein, um ganz im Körper präsent zu sein, wirst du entdecken, dass der Zustand der spirituellen Glückseligkeit bereits hier in deinem Herzen ist! Nimm wahr, wie dein Körper gerade für dich atmet, folge ihm und höre auf deinen Atem, der dir Leben gibt. Dies wird dich in die Erfahrung bringen, die Glückseligkeit zu finden, die immer in deiner spirituellen Natur ist. Wenn du aber forderst, oder dich zu sehr bemühst, eine bestimmte Erfahrung zu machen, dann schneidest du dich selbst davon ab, diese zu haben, und verpasst vollständig den immer fließenden Fluss des Bewusstseins. Es ist einfach und mühelos, sich selbst als spirituelles Wesen zu erkennen, entspanne dich einfach innerlich tiefer als je zuvor. Gib dich daher immer der Erfahrung hin, die gerade entsteht. Hingabe ist der ultimative Schlüssel, um Glückseligkeit zu finden. Wir Wesen des Universums sind für eine Ewigkeit im gegenwärtigen Moment gefangen. Dein Körper kann dem „Jetzt" nicht entfliehen. Der Verstand tut so, als ob er es könnte, und versucht, in die Vergangenheit und Zukunft zu springen, indem er davon träumt, doch die Wahrheit hält dich immer hier im „Jetzt". In dem Moment, in dem du dich jedem inneren Kampf im Geist ergibst und im Jetzt präsent bist, wirst du feststellen, dass das Problem einfach verschwindet. Wenn du dabei Schwierigkeiten hast, lasse einfach deine größte Angst in dir aufkommen. Stelle dich mutig direkt gegenüber. Dann beobachte, ob deine Angst von einer Angst vor Verlust oder einer Angst vor der Trennung von der Quelle herrührt. Folge der Angst zurück, bis du die Quelle erreichst, aus der sie kam. Der meditative Geist nimmt an solchen Illusionen nicht teil, weil er an nichts anhaftet. Es weiß, dass jede Lebenserfahrung kommen und gehen wird. In dem Moment, in dem du aufhörst zu versuchen, etwas geschehen zu lassen, passiert dir Glückseligkeit. Wenn alles, was du tust, um sich zu ergeben, nicht funktioniert, dann tu genau das Gegenteil von dem, was vorher nicht funktioniert hat. Je mehr du einfach loslässt und einfach sein kannst, desto leichter wird es für dich sein, die Quelle unendlicher Reichtümer in dir zu finden. Die größten Meditierenden verschmelzen zu jeder Zeit das Licht und die Dunkelheit. Sie geben sich beiden Vorstellungen dieser Polaritäten hin und finden in jedem Moment wahren Frieden. Diese Meister haben ein tieferes „Wissen", dass sie immer mit einer unendlichen Quelle der Liebe und Güte in ihrem Inneren verbunden sind. Ihre Wurzeln der Entspannung in dieser Quelle vertiefen sich und wachsen eines Tages zu Flügeln spiritueller Freiheit! Wann immer du das Sitzen in Stille übst und vielleicht ein zunehmendes Gefühl von Angst, Unbehagen oder Schmerz verspürst, mache einfach dabei mit! Gebe dich dem Kern hin. Finde heraus, was der Kern ist, und du kannst es dann mit dem Atem aus deinem Körper lösen. Es ist am besten, im Kern deines Wesens zentriert zu bleiben und deine Erfahrungen zu integrieren, sobald sie auftauchen, anstatt dich in den Phänomenen zu verlieren, die sie hervorbringen. Die Loslösung deiner Ängste ist ein totaler Sieg für die Seele, und es ist deine Aufgabe, diese Fahrt zu genießen! Beobachte daher deinen Geist immer besonders wachsam. Jeder Moment enthält ein ganzes Universum von Ideen, und diese tauchen schneller auf, als du ihnen folgen kannst. Der Verstand kann nicht mit dem Moment Schritt halten, es passiert zu viel in diesem „Jetzt"-Moment, um vom Verstand eingedämmt oder kontrolliert zu werden. Der Geist ist ein sehr kleines Gefäß im Vergleich zur Weite der Existenz. Nur wenn du dich vom Verstand zurückziehst, kannst du das gesamte Universum und seine erstaunlichen göttlichen Eigenschaften erfahren. Der Verstand ist schlüpfrig, also musst du sehr wachsam damit umgehen und sich seiner manipulativen Absichten bewusst sein. Der Geist kann sich in sehr subtilen Momenten der Vergangenheit und Zukunft verfangen. Wenn du ganz im Moment bist, wirst du sehen, dass es wirklich keinen Verstand gibt und nur ein reines Bewusstsein bleibt. Dies erfährst du am besten in Träumen, wenn du schläfst, da ist ja dein Verstand auch ausgeschaltet. Wenn du dasitzt und schweigst, für alles offen bist und nichts widerstehst, geschieht dieser Erleuchtungsprozess in einem einzigen Augenblick. An dem Tag, an dem dein Geist völlig im Frieden ist, wenn er absolut keine Sorgen, keine Bedenken oder überhaupt Pläne hat, nimmst du wahr, was wirklich hier ist! Es gibt in der Tat ein unbeflecktes Wesen, das ewig gegenwärtig ist. Es ist der Fluss des Bewusstseins in dieser Existenz, völlig lebendig und wach! Sei dir bewusst, dass jedes Streben, Versuchen, Erreichen, Bemühen und Unterhalten einer Überleistungs-Mentalität ALLE Glückseligkeit daran hindern wird, hereinzufließen. Meditation ist die einfachste Erfahrung, den Geist zu beobachten und in deiner Essenz, deinem innersten Kern, zu ruhen. Das macht diese gewöhnliche Erfahrung des Lebens so reich und voll! Diese göttliche Gewöhnlichkeit ist es, worum es bei der Meditationserfahrung wirklich geht. Sei auch immer sanft mit dir selbst. Sanftheit ist der goldene Schlüssel zur Entwicklung eines dauerhaften Zustands der Glückseligkeit. Egal was in deinem Leben passiert, sei immer sehr sanft mit dir selbst. Vor allem, wenn dies dein erster Versuch ist, ein spirituelles Leben zu führen. Wenn du Sanftheit hast, hast du Liebe. Wenn du nicht länger als 30 Sekunden sanft zu dir selbst sein kannst, ist das in Ordnung! Du bist einfach in der Gewohnheit steckengeblieben, dich vom Verstand kontrollieren zu lassen. Doch jeden Tag wird bei mehrmaliger Übung, diese Zeitspanne länger. Ziehe die Herrschaft des Geistes zurück und sage ihm, er solle sich entspannen und geduldig mit sich selbst sein. Du hast unendlich viel Zeit, um es richtigzumachen. Ermutige dich immer, besonders sanft mit dir umzugehen, wenn du mit Schuldgefühlen, Scham und Selbstvorwürfen umgehst. Verpflichte dich selbst, dass du sanft zu dir sein wirst, egal was passiert! Du bist die wichtigste Person in deinem Leben, du verdienst dieses Geschenk! Wenn du zu 100 % sanft zu dir selbst bist, verschmilzt du mit deiner Vergangenheit, Gegenwart und Zukunft und an diesem Punkt übernimmt die Glückseligkeit einfach. Wenn du Schwierigkeiten hast, dich in dieser Sanftheit zu entspannen, stelle dir ein warmes, sanftes Licht vor, das durch deine Zehen eindringt und dann deine Beine, deinen Oberkörper, deine Brust, deinen Hals, deine Arme, deine Hände, deinen Kopf und schließlich deinen ganzen Körper hinaufströmt. Atme langsam ein und aus und wiederhole diese Affirmation: „Ich bin sicher, ich werde geliebt, in meiner Welt ist alles in Ordnung.“ Lass diese Worte tief in deinen Körper einsinken. Lass jede beruhigende Energie wachsen und sich auf die Spannungsbereiche ausbreiten. Gebe dir die Erlaubnis, Gefühle der Entspannung aufzunehmen und den Stress aufzulösen, der in Körper und Geist entsteht. Dieser Prozess wird große Sanftheit in dein Leben bringen und dich durch die vielen Herausforderungen tragen, die noch kommen werden.

ℭ Irrglaube ℭ

Merksam: Wie kann ich in meinem Leben erfolgreicher sein? Ich meine nicht unbedingt auf materialistische Weise, sondern vielmehr auf spirituelle Art und Weise.

Electra: Dies ist eine sehr gute Frage und die Antwort wird dich verblüffen. Auf deinem Lebensweg hast du wahrscheinlich persönlichen Erfolg und Leistung durch intensive Anstrengungen erlebt. Die meisten von euch tragen dieses tief konditionierte Glaubenssystem in sich, das besagt: „Um meine Ziele im Leben zu erreichen, wird es viel harte Arbeit und Beharrlichkeit erfordern." Dieser Glaube, dass wir unsere Wünsche nur durch intensive Anstrengung erreichen, ist aber ein leider fest zementierter Irrglaube, welcher eine solide Arbeitsmoral enthält. Und dies mag auch in zahlreichen praktischen Lebensbereichen der Fall sein. Doch wenn es darum geht, sein Leben zu meistern, ist harte Arbeit völlig überbewertet und meistens mit dogmatischen Überzeugungen gefüllt, die von einem archaischen, begrenzten Bewusstsein stammen. Die Illusion, unter der viele von euch immer noch leben, ist, dass ihr keine allmächtigen unendlichen Wesen seid, die alles manifestieren können, was sie wollen. Ihr habt vergessen, oder besser gesagt, niemals gelernt, dass ihr spirituelle Wesen seid, die in ein Netz aus Energie, Gedanken und Schwingungen eingebunden sind. Ihr wurdet von der materiellen Welt geblendet, dachtet, sie sei real und habt dabei vergessen, hinter die Kulissen zu schauen. Es sind aber eure grundlegenden Instinkte und eure Intuition, die offenbaren, was wirklich vor sich geht. Die Tatsache, dass jedes Wesen bereits die Fähigkeit hat, jede gewünschte Version der „Realität" selbst zu erschaffen, übersehen leider die meisten. Die wirkliche Macht des Manifestierens ist eine, die die meisten Menschen zunächst nicht verstehen, da sie alle Grenzen zwischen dem, was real ist und was nicht real ist, sprengt. Das Manifestieren soll uns über unser normal akzeptiertes Paradigma des Verstehens hinausführen, und sobald man einen Vorgeschmack darauf bekommt, wie real und einfach es tatsächlich ist, kann man nie mehr zurück. Der gewöhnliche Tag wird außergewöhnlich, weil du dann den goldenen Trick des Lebens kennst. Die meisten Menschen würden denken, dass Sie dumm sind zu glauben, dass Sie etwas mit weniger Aufwand manifestieren können, anstatt mit mehr. Doch diese Menschen verstehen ein grundlegendes Prinzip nicht. Dass all die wirkliche Arbeit im Leben nicht in der äußeren Welt erledigt wird, es geht nur darum, deine innere Welt zu erheben. Diese Erfahrung der inneren Erhöhung ist, als würde man mit einem Hochgeschwindigkeitsaufzug in die oberste Etage fahren. Es lässt sich gut als ein genussvoller Prozess beschreiben, der von tiefer Freude, Dankbarkeit, Vertrauen und einem wahren Loslassen erfüllt ist. Du kannst mühelos über deine eigenen Hürden springen, anstatt durch sie zu hämmern, um deine Ziele und Träume mit Brachialgewalt zu erreichen. Du fragst einfach nach dem, was du willst, und wartest, während das wohlwollende Universum sich auf den Weg macht, um dir dein gewünschtes Ergebnis zu liefern. In der Welt des Manifestierens ist es immer wichtig, sich darauf zu konzentrieren, das Endergebnis zuerst zu fühlen. Wenn du eine neue Beziehung wünschst, stelle dir vor, wie es sich anfühlen würde, wenn du in einer wärst? Damit teilst du gedanklich der gesamten Schöpfung mit, dass du zu diesem Zeitpunkt vollständig auf die Mission deiner höchsten Seele auf diesem Planeten ausgerichtet bist. Merke dir: Je leiser du wirst, desto mehr kannst du hören. Dieser Spruch ist ebenso eine sehr effektive Technik, um auf dem Weg der Entspannung zu beginnen, es ist das Praktizieren von Meditation. Experimentiere einfach damit, ruhig zu sitzen und nichts zu tun, außer deinem Atem zu folgen, nicht deinem Geist. Wenn du einen übermäßig aktiven Geist hast und Unterstützung benötigst, kannst du manchmal beim Atmen laut „ICH BIN“ sagen. Versuche, beim Einatmen „ICH“ und beim Ausatmen „BIN“ zu sagen. Wenn du diese Übung ca. 10 Minuten machst, wirst du einen entspannten Körper und einen friedlichen Geist kultivieren, solange du keine Erwartungen hast, was passieren oder nicht passieren sollte. Wenn du anfängst, täglich zu meditieren, wirst du bald entdecken, wie laut und chaotisch deine innere Welt sein kann und was es wirklich braucht, um den Geist zu zähmen und innerlich still zu werden. Wenn du entdeckst, dass du dich deinem Geist von diesem entspannteren, weitläufigeren Raum aus nähern kannst und darauf vertraust, dass jeder Moment und jede Erfahrung der richtige ist, wirst du ein tiefes, kosmisches, friedliches Gefühl im Kern deines Körpers und Geistes finden. Durch das tägliche Leben aus diesem Raum findet ihr dann die Kraft, einige wahrhaft wundersame Manifestationen anzuziehen. Wenn ihr aufhört, euch zu bemühen irgendwohin zu kommen, könnt ihr euer Leben tatsächlich so lieben, wie es gerade ist, und diese einfache Erfahrung der Glückseligkeit schmecken, die in allen von euch lebt. Von einem nicht anstrengenden Ansatz aus tut man dann immer noch das, was man gerne macht, z. B. anderen helfen und die Erde zu einem besseren Ort machen. Man tut es einfach mit einem entspannten Körper und Geist. Es ist 1000-mal einfacher für die göttliche Kraft, in dein Bewusstsein einzudringen und vollständiger durch deine Handlungen zu fließen. Es ist, als würde man versuchen, ein Fundament für ein neues Haus zu schaffen und Hilfe von einem Bulldozer zu erhalten, wenn man zuvor die ganze Zeit mit einem weißen Plastiklöffel daran herumstochert hat. Wenn du dein Leben dem Geist übergibst, übernimmt der Geist dich und du entdeckst, dass der Himmel auf Erden existiert, wenn der Mensch in dir auf das Göttliche trifft. Du kannst dir nie vorstellen, wie einfach es ist, alles zu manifestieren, was du willst, bis du 100% deines Vertrauens darauf setzt loszulassen und dich über das gewünschte Ergebnis entspannst. In dem Moment, in dem du wirklich loslässt, fühlt das Universum dieses göttliche Vertrauen und beschließt dann, dich mit seiner

Belohnung zu erfüllen. Ja, das Universum ist wirklich wohlwollend und in der Tat ein sehr aufmerksamer Zuhörer. Deswegen ist Gebet auch so effektiv. Du kannst auf dein Leben zurückblicken und denken, dass dieser Gedanke völlig falsch ist und die Welt ein schrecklicher Ort ist, aber bevor du dorthin gehst, höre bitte meine Worte. Du bist die Liebe selbst. Es gibt nichts anderes als dich und die Quelle der Liebe. Dies ist vielleicht der größte Schlüssel, den man finden kann, um deine höchste Schwingung im Leben zu erreichen. Es ist so lächerlich einfach, aber umso tiefgründiger, dass du es vielleicht einfach übersiehst. Wenn du erkennst, dass es Wahrheit ist, fängst du an, dich so tief in dir selbst zu entspannen, dass du einfach die niedrigst schwingenden Gedankenformen und Gefühle loslässt. Du musst dich nur in der Quelle der Liebe selbst entspannen, um dein Bewusstsein zu erheben und diese Welt wirklich zu meistern. Diese Welt ist voller Paradoxien, aber das Wichtigste ist, dass du nicht denkst, du seist machtlos und ungeliebt. Erinnere dich immer daran, dass du in Wahrheit zutiefst mächtig und die Quelle der Liebe bist. Liebe ist nicht etwas, das von jemand anderem kommt, sie ist eine bloße Widerspiegelung des wirklichen Lichts, das immer im Inneren zu finden ist. Sobald du vollkommen entspannt bist, stellst du fest, dass dein Körper und dein Geist der Beweis dafür sind, dass du eine all-intelligente, kraftvolle, liebevolle, bewusste Präsenz bist, die tief mit der Quelle verbunden ist. Entspannt zu sein ist ein empirischer Beweis dafür, dass du EINS mit dem Universum bist. Doch Vorsicht, was ich damit nicht meine ist, dass du durch Drogen, Völlerei, Handykonsum, Fernsehen oder Alkohol in einem faulen Koma aus-checkst! Ich spreche von einem echten spirituellen Urlaub, in dem dein Geist seinen natürlichen Zustand der Glückseligkeit im Inneren erreichen kann. Ein entspannter Körper und Geist sind wie das Betreten eines wunderschönen und perfekten Tempels. Deine Chakren verwandeln sich in einen Empfangsmodus, der es deinem höchstmöglichen Selbst ermöglicht, sich mit müheloser Freude und Leichtigkeit zu zeigen. Ich bezeichne Entspannung manchmal auch als eine „versteckte" Kraft, weil es nicht sehr offensichtlich ist, wie mächtig diese Kraft ist, wenn du wirklich entspannt bist. Du fühlst dich vielleicht friedlich, aber nicht immer kraftvoll. Wenn du im Leben super aktiv bist, dich schnell bewegst, schnell sprichst und jeden Tag eine Menge erreichst, ist es einfacher zu glauben, dass du ein ermächtigtes Wesen bist. Doch wenn du die gleiche äußere Arbeit tun könntest, jedoch aus einem bewusst entspannten Raum heraus, würdest du dich eher mit der universellen Gottesquelle verbunden fühlen und dann wissen, was wirkliche Ermächtigung tatsächlich ist. Jedes Mal, wenn du versuchst, übermäßig erfolgreich zu sein, zu viel im Leben zu erreichen und dich schneller voranzutreiben, um deine höchsten Ziele schneller zu erreichen, verfehlst du das wahre Ziel des Lebens, jeden Moment dieser Reise zu genießen und alles wertzuschätzen. Wie sehr könnte man die Schönheit der Straße entlang der Côte d'Azur genießen, wenn man mit 150 km/h an ihr entlang rasen würde? Nicht sehr viel. Entspannung, Ruhe und Langsamkeit ist absolut entscheidend für deinen Erfolg als Mensch und als bewusst erleuchteter Manifestator. Wenn du denkst, dass es bei diesem Ansatz darum geht, nichts zu erledigen und fauler zu werden, denke noch einmal darüber nach. Dies ist Entspannung, die dich zur Quelle der bewussten Absicht bringt, während du wirklich die Anhaftung an das Ergebnis loslasst. Was könnte daran faul sein? Es bringt dich dazu, bewusst tiefer in dein höheres Gott-Selbst einzutauchen und deiner Verbindung zu seiner Weisheit zu vertrauen, wo du spürst, dass seine Gnade jeden deiner Atemzüge unterstützt. Nur hier kannst du in den höchsten Schwingungen der Liebe, des Friedens und der Einheit zentriert bleiben, ohne es überhaupt zu versuchen. Nur so kannst du erfahren, was es bedeutet, wirklich lebendig zu sein.

ɖ Liebende Präsenz ɖ

Merksam: Wie kann ich besser auf meine erleuchtete innere Natur hören?

Electra: Wir sind wie gesagt alle erleuchtete Wesen in der Hülle eines Körpers. Sowohl wir Plejadier, als auch ihr Menschen. Jedes Wesen der Galaxis wird mit vollem Zugang zum höchsten Bewusstseinsgipfel geboren. Wenn du in die Augen eines Babys schaust, wirst du dies sehen. Das Funkeln seines reinen, übersichtlichen, unbefleckten Bewusstseins ist unverkennbar da. Du kannst erkennen, dass es keine abstrakten Zeitgefühle oder Überzeugungen gibt, die seinen Geist kontrollieren, es gibt nur reine

Präsenz und Bewusstsein in diesem Baby. Alle Wesen sind auf natürliche Weise eine göttlich liebende Präsenz, ohne dass ihre erleuchtete Natur auch nur versucht scheint. Dieses Bewusstsein ist in uns allen, denn wir waren alle einmal ein Baby. Wenn unsere erleuchtete Natur jetzt schon hier ist, vollständig und ganz in sich.

Die Quelle deiner Gedanken

Merksam: Warum ist dann nicht die ganze Welt mit einer Fülle von erleuchteten Wesen übersät?

Electra: Es gibt ein kleines Ding namens „Ego". Der Verstand steht im Weg und verdunkelt dieses reine Sein. Es ist wie ein Fisch in einem Goldfischglas, der herumschwimmt und dafür sorgt, dass der ganze Dreck aufgewirbelt wird und die Klarheit im Wasser verzerrt. Wenn der Fisch aufhört zu schwimmen und sich ausruht, setzt sich der Schlamm ab und alles wird kristallklar. Wenn du in jemanden verliebt bist und in diesem Moment tief in seine Augen schaust, in dem dein Herz vor Freude platzt, was siehst du? Wenn dein Geist kristallklar ist, wirst du nur die liebevollen, ewigen und göttlichen Aspekte seiner erleuchteten Natur erfahren. Die Liebe befreit diesen überladenen Geist, damit du den ganzen Weg durchschauen kannst. Indem du den Geist vollständig zum Stillstand bringst, verschwinden die Illusionen deines Geistes und du erfährst auf natürliche Weise die unendliche Quelle. Das ist das Geheimnis der Entdeckung der Erleuchtung. In dem Moment, in dem du deinen Geist entleerst und einen langen Blick in dein Inneres wirfst, wirst du etwas ziemlich Erstaunliches entdecken. Du wirst erkennen, dass du nicht dieser Körper bist, diese Gedanken, noch irgendetwas, was du dir mit deinem kleinen Verstand vorstellen kannst. Wer du wirklich bist, geht über das Denken, über Konzepte und über den Verstand hinaus. Du bist unendlich und eine ewige Seele, die weder von Feuer verbrannt, noch von Wasser ertrunken werden kann. Du bist dieses sich ständig erweiternde Bewusstsein. Wenn du dich in einem Zustand reiner Meditation befindest, völlig frei vom Verstand, beginnst du sofort, dich mit deiner innewohnenden erleuchteten Natur zu verbinden. Plötzlich, wie aus dem Nichts, erlebst du dein wahres strahlendes Selbst mit all seinen positiven Lebens-erweiternden Qualitäten. Alle freudigen Empfindungen, die du erfährst, indem du einfach schweigst, bestätigen einfach, wie tief du mit einer unendlichen Quelle der Güte in dir verbunden bist. In dem Moment, in dem du aus deinem Schlaf erwachst, bevor du deinen Körper bewegst oder deine Augen öffnest, nimm dir diese kostbaren Momente, um deine Aufmerksamkeit nach innen zu richten und diese eine Frage zu stellen. Woher kommt die Quelle dieses Gedankens? Schaue tiefer in dich hinein, bevor dein Ego dich wieder in den Griff bekommen kann, damit du den ganzen Tag seiner Agenda folgst. Untersuche einfach, woher diese Quelle innerer Erleuchtung kommt, bevor im Laufe des Tages der Wirbelsturm von Gedanken wieder deinen Verstand überschwemmt. Bring bei dieser Anfrage alles mit und bleibe einfach neugierig. Versuche nicht, irgendwohin zu gelangen, bleibe einfach neugierig und beobachte, was passiert. Es gibt eine verborgene Kraft hinter deinem Verstand, die dieses großartige Schauspiel leitet. Diese unteilbare göttliche Energie ist sehr mächtig, wenn du dich mit ihr verbindest, und wenn du sie findest, kannst du dein Leben so gestalten, wie du es möchtest.

Deine Reise

Merksam: Wie finde ich heraus, wo meine Lebensreise hingehen soll?

Electra: Die Reise beginnt immer dort, wo du dich gerade befindest, nicht dort, wo du sein möchtest! Sei also jetzt hier und nehme den gegenwärtigen Moment und alles, was er bietet, an. Die Außenwelt besteht aus manifestierten Gedanken und Ideen, die in deinem Geist festgehalten werden. Diese Ideen sind die Grundlage des Bewusstseins, und die Natur dieser Ideen gibt dem Bewusstseln selnen Charakter. Alles, was wir erschaffen, hat einen Glauben dahinter, eine Idee, die einst im Bewusstsein von jemandem festgehalten wurde. Da das Bewusstsein geteilt wird, umfasst es die Gedanken, Überzeugungen, Einstellungen und Empfindlichkeiten aller Menschen. Daher ist jeder Zustand, Umstand oder jede Situation in der materiellen Welt die Verkörperung des geistigen Äquivalents der Menschheit, egal ob Krieg oder Frieden. Krieg ist Ausdruck einer Idee, die von der Menschheit im Bewusstsein gehalten wird. Die Menschen haben, so scheint es zumindest für uns Plejadier, immer an Tod,

Angst, Mangel, Aggression und Plünderung geglaubt, weshalb es Kriege gibt. Wenn genügend Menschen auf der Welt ein Kriegsbewusstsein haben, dann wird es auch einen Weltkrieg geben. Wiederum beginnt es mit dem Individuum und dem mentalen Äquivalent, das es besitzt. Wenn wir Frieden wollen, müssen wir in das Bewusstsein des Friedens eintreten und seine Wahrheit bestätigen. Gemeinsam tragen wir alle dazu bei, das Bewusstsein zu definieren, indem wir unseren Standpunkt zum Ausdruck bringen. Jeder hat Einfluss darauf, wie Bewusstsein definiert wird, ob gut oder schlecht. Insgesamt sind wir eine riesige Massenprojektion von Ideen in das kollektive Bewusstsein. Deshalb werden diese Energien sehr mächtig, wenn ein großer Teil der Menschheit auf eine bestimmte Weise denkt und dies in Verhaltensweisen und Handlungen umgesetzt wird. Wenn ihr dies gemeinsam tut, können Ideen fest in eurem kollektiven Bewusstsein verankert werden. Denke daran, du bist eine Gesamtsumme von allem, was im Bewusstsein ausgedrückt wird. Schimpfworte, das Beschimpfen von Leuten im Internet oder in den Klatschkolumnen von Zeitschriften, die Verbreitung lächerlich negativer Meinungen und unaufhörliches Streiten, werden zusammen mit allen Formen von Gewalt ins Bewusstsein geschleudert. Ihr werdet diese negative Energie dann immer weiter recyceln, bis die Menschen schließlich dazu bereit sind, sie endlich aus ihrem Bewusstsein zu entlassen. Die Menschheit hat einen langen Weg vor sich, aber ihr könnt und werdet es schaffen. Der Grund, warum ihr keinen Frieden auf Erden habt, ist, dass die Idee des Friedens nicht vollständig in das Massenbewusstsein aufgenommen wurde. Da nicht genug Menschen Frieden ausdrücken, können sie die Welle des Unfriedens noch nicht überwinden. Damit Frieden im Massenbewusstsein Einzug halten kann, muss er bei euch beginnen. Trage daher selbst zum Weltfrieden bei, indem du die Idee des Friedens in deinem eigenen Bewusstsein hältst. Übe dich darin, ein Friedensstifter zu sein. Denke Frieden und demonstriere Frieden in Beziehungen, Sprache und Schreiben, zu Hause und bei der Arbeit. Fange klein an. Schließe Frieden mit denen, die dich irritieren oder eine negative Geschichte teilen. Versuche es mit Vergebung. Ruf deine Mutter an. Übersehe Mängel, die du bei einer anderen Person wahrgenommen hast. Habe friedliche Interaktionen mit Menschen und höre auf, den Fahrern den Vogel oder Mittelfinger zu zeigen, wenn du auf der Straße fährst. Das Praktizieren von Frieden, Liebe und fehlendem Spiegeln wird als Praktizieren der Gegenwart Gottes bezeichnet. Sehe Gott überall, in allen Dingen und Menschen, trotz des gegenteiligen Anscheins, und sei im Einklang mit übergeordneten Ideen. Praktiziere Frieden und rede nicht nur darüber. Der heutige Balanceakt besteht nicht nur darin, ein überzogenes Konto, eine Hypothek und alternde Eltern zu jonglieren. Es geht darum zu lernen, sich bewusst zu werden, wer ihr wirklich seid, und ein Gleichgewicht zwischen Sein und Werden zu finden. Wähle einen Job, der einen positiven Beitrag für die Gemeinschaft leistet. Höre auf, dir Gedanken darüberzumachen, was andere denken. Mache dich daran, zu üben, Gott näher zu sein. Schärfe gemeinsam mit gleichgesinnten Mitmenschen dein Bewusstsein und steigere damit dein Selbstbewusstsein. Während ihr wächst, habt ihr die Fähigkeit, die einfachsten Dinge im Leben mit großem Humor und Glück zu erleben. Wenn ihr euch auf das konzentriert, was wirklich ist, könnt ihr zu einem lebendigen Ausdruck des Göttlichen heranwachsen.

ஐ Wachstum ஐ

Merksam: Wie erweitere ich mein Bewusstsein am besten, sodass ich wirklich wachsen kann?

Electra: Dazu gibt es viele Wege, aber einer der effektivsten in der menschlichen 3D-Entwicklungsstufe ist, indem du dein niederes Bewusstsein zurückdrängst und Individualismus, Konsumismus und Materialismus einschränkst. Diese Dinge zwingen euch förmlich dazu, euer Bewusstsein zu senken. Wenn sich euer Bewusstsein aber ausdehnt, auch nur für einen Moment, seht ihr die Welt ganz anders, nämlich als einen Ort, an dem Menschen leiden, weil ihr inneres Kind verloren ist und mit ihren Emotionen Amok laufen. Dies ist eine Welt, in der Menschen zwar immer versuchen, gehört zu werden, aber nicht kommunizieren können, weil sie nicht mit ihrem höheren Selbst synchron sind und folglich anfangen, gegeneinander zu schlagen. Manchmal erkennen Menschen aber, was wirklich läuft. Und so sehnen sie sich nach einem Ort, an dem sie sich über alle Missverständnisse erheben können, einem Ort, an dem sie ohne Urteil über ihre Verletzlichkeit und ihr gebrochenes inneres Kind hinaussehen können. Wenn du dich danach gesehnt hast, dein Bewusstsein bewusst in seine höheren Zustände zu erweitern, dann ist hier eine erste kurze Anleitung, um dies zu erreichen. Aber denke immer daran, dass der Wechsel zu einem höheren Bewusstsein oft dramatisch ist. Es zwingt dich, deine Psyche neu zu ordnen und zu priorisieren. Dies ist oft mühsam. Aber es ist notwendig, um sich von den Zwängen des niederen Bewusstseins zu befreien. Habe aber keine Angst vor Gefühlen und vertraue deiner Intuition und behalte dein Ego mehr im Zaum. Fürchte dich auch nicht vor Gefühlen. Ihr Menschen der Erde habt gewaltige Angst vor euren eigenen Gefühlen bekommen. Ihr bekämpft sie, weil ihr nie dazu erzogen wurdet, sie zu verstehen und daraus wertvolle Lektionen zu lernen. Infolgedessen kommen sie immer wieder zu euch zurück und entziehen euch eure Energie, die dann in Kampt- und Fluchtentscheidungen verschwendet wird. Es ist wahr, dass keine Gefühle von Dauer sind, aber wenn sie nicht kontrolliert werden, kehren sie immer wieder zurück, solange man über sie nachdenkt. Achte daher auf deine Gefühle. Wenn du sie erlebst, lass sie herein und kontempliere, damit du verstehst, was sie dir mitteilen. Indem du deinen Gefühlen erlaubst, sich vollständig in dir auszudrücken, nähren sie dein inneres Kind und befähigen es zu kommunizieren. Du kannst die Antworten aber nicht erhalten, wenn du nicht zulässt, dass sich diese Gefühle manifestieren. Ihr unterdrückt zu oft eure innere Stimme oder Intuition zugunsten eures logischeren und vernünftigeren Verstandes. Infolgedessen unterdrückt ihr die Gefühle, anstatt sie zu akzeptieren. Wenn du also das nächste Mal eine Stimme in deinem Kopf hörst, die dir sagt, dass du etwas tun sollst, während dein logischer Verstand darauf aus ist, in die andere Richtung zu gehen, gebe dieser Stimme etwas Raum. Halte kurz inne, denke darüber nach und tue, was dir die Stimme der Intuition sagt. Beginne damit, darüber nachzudenken, und gebe dem „Empfangenen" dann mehr Gewicht bei der Beurteilung seiner Prioritäten und seiner Richtung. Mit der Zeit wirst du sehen, wie sich deine Intuition aufbaut und zu einem tiefen und durchdringenden Wissen heranwächst, anstatt zu der kleinen nörgelnden Stimme, die du unterdrückt hast. Das Ego ist eine Krankheit, die euer inneres Kind infiziert und eure Reise zu eurem höheren Bewusstsein blockiert. Es ist das Ergebnis eures Versagens als Eltern für euer inneres Kind. Aber es kann durch Achtsamkeit gegenüber euren Handlungen auch geheilt werden. Wenn du also eine Entscheidung treffen willst, frage dich einfach: Wer trifft diese Entscheidung? Du, deine persönlichen Vorurteile oder dein Ego? Glück ist kein Objekt, das man erreichen und dann horten kann. Es ist einfach ein Gefühl, das sich in dir bewegt. Indem du es als ein gesuchtes Objekt externalisierst, machst du es rückgängig. Beginne, die Momente zu erkennen, in denen du einem externen Objekt, greifbar oder nicht, Bedeutung zuweist. Sage dir innerlich, dass Bedeutung von dir ausgeht und eine Projektion deiner Person auf andere Dinge ist, anstatt umgekehrt. Mit der Zeit wirst du feststellen, dass du weniger äußere Objekte und mehr innere Zufriedenheit zurücklassen wirst, was es dir ermöglicht, dich frei zum erweiterten Bewusstsein zu bewegen und andere zu umarmen. Deine Aufgabe ist es nicht, nach Liebe zu suchen, sondern lediglich all die Barrieren in dir selbst zu suchen, die du dagegen errichtet hast. Sei bedingungslos liebevoll und freundlich zu dir selbst und deinen Mitmenschen. Es ist sowohl der Schlüssel zum Öffnen der Schleusentore des höheren Bewusstseins als auch sein eigentlicher Inhalt.

X Gaia X

Merksam: Auf welchen Grundlagen basiert das Universum und was ist die Erde wirklich?

Electra: Wenn ihr Menschen an die Erde denkt, seht ihr vielleicht einen wunderschönen blauen Planeten, der durch den Weltraum schwebt: eine Kugel aus Materie, die den Stern umkreist, den ihr Sonne nennt. Das ist ein schönes Bild, aber auch ein Blick auf die Erde aus materialistischer Sicht. In Wirklichkeit ist die Erde viel komplexer als deren physische Erscheinung. Die Erde ist ein multidimensionales System, das seinen Bewohnern vielfältige Erfahrungen ermöglicht: In diesem System existieren parallele Realitäten, dynamische Wechselwirkungen zwischen Vergangenheit, Gegenwart und Zukunft. Und vor allem können seine intelligenten Lebewesen sich selbst und ihre innere Unendlichkeit entdecken. Ihr Menschen habt wie gesagt nicht nur eine Vergangenheit oder eine einzige

Zeitlinie, an die ihr gebunden seid. Es ist besser, euch mit einem Baum zu vergleichen, der viele Wurzeln hat: In der Gegenwart, wo ihr euch immer befindet, laufen viele Zeitlinien zusammen. Das multidimensionale System Erde macht diesen Reichtum an Vielfalt möglich. Hier könnt ihr Einheit, Frieden, Schönheit und Liebe erfahren. Aber leider auch Hass, Gewalt, Wut und Hässlichkeit. Das Erdsystem gibt die Möglichkeit, Dualität in vollen Zügen zu erfahren. Nach einer dunklen Nacht voller Angst, könnt ihr euch danach an einem wunderschönen Sonnenaufgang erfreuen. Jede Blume auf der Erde erinnert euch an die höheren Realitäten. Die Menschen hier sind in der Lage, schöne Musik zu machen, aber auch sinnlose Kriege zu führen. Die besondere Energie der Erde gibt seinen Bewohnern den Raum, beide Möglichkeiten zu verwirklichen. Es ist diese besondere Eigenschaft der Erde, die die Erfahrung des Menschseins erst möglich macht.

♌ Der neue Zyklus ♌

Merksam: Wenn die Erde jetzt einen neuen Zyklus beginnt, was bedeutet das für uns Erdenbürger? Bleibt dann das Prinzip, sowohl Negativ als auch Positiv zu erleben?

Electra: Es bedeutet höhere Energie. Wenn ein Mensch oder ein anderes Wesen, oder ein Planet einen neuen Zyklus beginnt, und somit seinen alten Zyklus abgeschlossen hat, entsteht eine neue Schwingung. Eine niedere Schwingung bedeutet, dass man sich von der Schöpferkraft entfernt. Eine höhere Schwingung bedeutet, dass sich das Bewusstsein der Schöpferkraft nähert und eine stärkere Erfahrung von Schönheit, Wahrheit und der Einheit des Lebens hat. Die Erde befindet sich am Übergang in einen solchen neuen Zyklus, der aber mit einer ganzen Menge an spirituellen „Erdbeben" einhergeht. Damit verschiebt sich der Erfahrungsraum, den die Erde der Menschheit bietet, nach oben. An der Spitze werden kosmische Einheitserfahrungen und die Verbindung mit höheren Reichen möglicher als je zuvor. Ganz unten werden extreme dualistische Erfahrungen immer weniger möglich. Ereignisse wie das Beginnen eines grausamen und sinnlosen Krieges sind dann nicht mehr möglich. Für die Erfahrung des Durchschnittsmenschen bedeutet dies, dass sie einen Wendepunkt erreichen. Im Moment erlebt ihr in dieser Welt normalerweise Spaltung, Trennung und Negativität. Nur wenn ihr erwacht seid, oder betet, oder meditiert oder in der Natur seid, erlebt ihr ein Gefühl der Einheit. Die Erfahrung der Teilung ist primär, die Erfahrung der Einheit sekundär. Das wird sich umkehren: Das Bewusstsein der Einheit wird primär.

Φ Nachwirkung und Folgeerscheinung Φ

Merksam: Ich vermute stark, dass dies eine ganze Reihe von Konsequenzen haben wird. Bitte nenne einige davon.

Electra: Alles besteht aus Teilchen, die aus noch kleineren Teilchen bestehen. Die Suche nach noch kleineren Partikeln scheint endlos. So gesehen ist ein Mensch eine Ansammlung von Teilchen und Schwingungen. Wenn diese

Teilchen auseinanderfallen, dann existiert laut eurer Wissenschaft eine Person nicht mehr. Was natürlich nicht stimmt, aber im neuen Zeitalter werden nicht mehr die einzelnen kleinen Teile, sondern die Einheit die selbstverständliche Basis von allem sein. Die mechanische Sicht auf das Universum und den Menschen weicht dann einer ganzheitlichen Sicht. Die Idee der Einheit wird dann zum neuen Paradigma. Ausgehend von dieser Idee der Einheit wird eure Wissenschaft dann beginnen müssen zu akzeptieren, dass hinter allem Bewusstsein steht. Die Konzepte von Bewusstsein und Einheit fallen dann zusammen. Und der ewige Tod weicht dann dem ewigen Leben. Die Idee der Einheit wird zur Anerkennung der Existenz der Seele führen. Dies wird als eine Quelle der Heilung und Wahrheit angesehen werden. Die Heilung psychischer oder emotionaler Probleme fällt dann mit der Bewusstwerdung der Seele zusammen. Da die Einheit von allem selbstverständlich ist, hat dies auch Konsequenzen für eure politischen Systeme. Länder und Grenzen werden allmählich verschwinden und mit ihnen die Kriege. Das Gefühl der Spaltung, das das menschliche Denken durchdringt, hat eine Wirtschaft geschaffen, die auf Konkurrenz und Ausbeutung von Mitmenschen und der Erde selbst basiert. Wenn ihr euer gegenwärtiges Wirtschaftssystem aus der Ferne betrachtet und es als Teil des Ökosystems der Erde sieht, seht ihr, dass es sich gegenüber diesem Ökosystem wie ein Krebsgeschwür verhält. Es zielt auf unangemessenes Wachstum und Verbrauch aller verfügbaren Ressourcen ab: Nehmen, ohne etwas zurückzugeben. Dieses Wirtschaftssystem wird in Zukunft nicht mehr bestehen können, die höhere Schwingung der neuen Erden bietet dazu keine Möglichkeiten mehr. Die Wirtschaft der Zukunft ist eine harmonische Interaktion zwischen Mensch und Erde. Der Mensch empfängt von der Erde und gibt der Erde zurück. Es wird gegenseitiger Respekt und Zusammenarbeit herrschen. Diese Ökonomie basiert dann auf Dankbarkeit und Verbundenheit anstatt auf Profit und Umsatz. Der Mensch wird dann der Erde dankbar sein, dass er hier bleiben und Wunderbares erleben darf, und die Erde wird dem Menschen dankbar sein, weil die Einzigartigkeit des Menschen sie bereichert. Der Mensch wird dann verstehen, dass die Erde ein bewusstes Lebewesen ist. Dies gibt ein Gefühl der Verbundenheit, das sich schließlich zu einer tiefen Liebesbindung entwickeln wird. Und in noch ferner Zukunft wird die Menschheit die Erde schließlich zutiefst dankbar verlassen. Eure heutige Gesellschaft ist im Wesentlichen immer noch eine hierarchisch organisierte Maschine. Erziehung und Bildung, bedeutet im Wesentlichen immer noch, dass Menschen darauf vorbereitet werden, ein Zahnrädchen in dieser Maschinerie zu werden. Je wichtiger dieses Zahnrad ist, desto erfolgreicher wird diese Person in eurer Gesellschaft eingeschätzt. Das wird sich natürlich ändern. Eure Gesellschaft der Zukunft wird nicht hierarchisch geordnet sein, sondern auf dem Erblühen der menschlichen Seele hier auf der Erde ausgerichtet sein. Das Ergebnis ist Glück. Glück für den Menschen selbst, der das Licht seiner Seele leuchten lassen kann, und Glück für seine Mitmenschen, die sich an der wunderschönen einzigartigen Ausstrahlung eines fleischgewordenen Lichtwesens und Sternenkindes erfreuen kann. Und gleichzeitig Glück für die Erde selbst, die einen Menschen und die Menschheit, wie eine wunderschöne himmlische Blume erblühen sieht. Der Glaube an Teilung und Dualität führt leider nicht nur zur Einsamkeit des modernen Menschen der jetzigen Erde, sondern auch zur Isolierung der gesamten Menschheit im Kosmos. Das wird sich aber alles ändern, deswegen sind wir hier, um all dies zu überwachen. Ihr steht an der Schwelle zu einer neuen und unglaublich goldenen Ära. Eine Ära, in der ihr mit vielen anderen Zivilisationen im Kosmos in offenen Kontakt kommen werdet. Die Erhöhung der Schwingung der Erde bedeutet, dass sich an der Spitze des Erfahrungsraums, alle möglichen Türen zu anderen Welten öffnen werden. Dies wird euch zutiefst erkennen lassen, wie unendlich reich und riesig das Universum wirklich ist. Es ist nicht nur unendlich groß, sondern auch reich, vielfältig und schön.

‡ Psychische Folgen ‡

Merksam: Fast alles, was du gerade genannt hast, betrifft globale Entwicklungen. Was bedeuten diese Veränderungen aber für den einzelnen Menschen?

Electra: Es bedeutet große psychische Folgen für jeden einzelnen Menschen des Planeten Gaia. Es ist natürlich schön, dass man als Mensch mit den Veränderungen wächst, die auch die Erde durchmacht. Aber das ist keine Gewissheit. Für Menschen, die in der Dualität feststecken, ist das sogar unmöglich, weil sie den Glauben an die Dualität nicht loslassen können. Wenn sie diese Dualität auf der Erde nicht mehr erfahren können, werden sie andere Erfahrungsbereiche im Universum aufsuchen, wo sie dies können, und die Erde verlassen. Natürlich gibt es auch Menschen, die den Wachstumsprozess der Erde mühelos mitmachen. Dies sind Menschen, die ihren persönlichen Zyklus abgeschlossen haben und bereit sind, das Einheitsbewusstsein anzunehmen. Sie sind jetzt damit beschäftigt, all ihre vergangenen Leben liebevoll zu integrieren, und verstehen, dass auch Täterleben dazu gehören. Deshalb sagen diese erwachten Menschen „ja" zu ihrem eigenen Schatten und projizieren ihn nicht mehr auf andere. So endet für sie die Dualität: Es gibt keine Feinde mehr, keine Verschwörungen. Aus diesem Bewusstsein erwächst ein tiefes Gefühl der Verbundenheit mit allen. Viele Menschen liegen zwischen den beiden Gruppen.

Þ Angst in der Dualität Þ

Merksam: Was werden diese Menschen von der Veränderung der Erde erfahren? Ich beziehe mich nicht auf konkrete Ereignisse, sondern auf den psychologischen Prozess, der stattfinden wird.

Electra: Dualität entsteht, wenn ihr aus Angst heraus denkt. Oft ist das Angst vor euren Mitmenschen. Zum Beispiel habt ihr Angst, dass andere, vielleicht Menschen, die anders aussehen oder eine andere Sprache sprechen, euch dominieren wollen. Um das zu verhindern, braucht ihr eine Armee. Und wenn ihr eine Armee habt, müssen die anderen, vor denen ihr euch fürchtet, auch eine Armee haben. Am liebsten eine noch größere Armee: Dies ist falsch, denn es ist der Beginn eines Wettrüstens. Früher oder später wird dann ein Krieg beginnen, oft „präventiv“ oder sogar unter falscher Flagge: Schließlich denkt ihr fälschlicherweise, dass es besser ist, dass ihr zuerst zuschlägt, bevor es jemand anderes tut. Solange ihr euch nicht euren eigenen Ängsten, eurem eigenen Schatten stellt, wird sich aber nichts ändern, denn dann steckt ihr noch immer in diesem Dualitätsbewusstsein fest. Angst spaltet und teilt die Welt immer: Wir gegen Sie oder das, was ihr fürchtet. Liebe transzendiert dies und macht alles wieder eins, verbindet sich mit dem anderen und verbindet sich mit der Realität. Gerade jetzt, da sich die Erde in einer Verschiebung befindet, hat dies Konsequenzen für Menschen, die noch sehr stark in der Dualität sind. Der Raum, Dualität zu erfahren, wird aber immer kleiner und wird schließlich verschwinden. Da dieser Raum jetzt schrumpft, sind Menschen, die fest an die Dualität glauben, zunehmend in einer Blase gefangen. Früher waren ihre imaginären Feinde weit entfernt und oft etwas abstrakt, jetzt kommen sie aber immer näher. Jetzt sind es bereits Familienmitglieder, Freunde oder Nachbarn: Sie gelten als irregeführt und sind daher nicht mehr vertrauenswürdig. Natürlich wird dann Unterstützung von Gleichgesinnten gesucht. Sie finden jedoch keine Liebe und Freundschaft bei ihnen, sondern nur noch mehr Dualität, was ihre Angst und Paranoia nur noch verstärkt. Die Blase löst sich somit noch weiter weg vom Licht. Für Außenstehende ist es wichtig zu erkennen, dass jemand, der in einer solchen Blase lebt, so unmöglich und feindselig er sich auch verhalten mag, im Wesentlichen leidet und unglücklich ist. Die Essenz der „Blasenerfahrung“ ist folgende: Wenn die Blase schrumpft, nimmt das Dualitätsdenken zu, und man wird geradezu paranoid. Auch das Leid nimmt zu. Menschen, die in einer solchen Blase leben, machen diese Blase sehr groß und wichtig, denn je größer diese Blase aussieht, desto wichtiger sehen sie sich selbst. Dieses Leiden wird schließlich so groß, dass die Blase aufgegeben wird. Dies kann passieren, wenn Menschen innerhalb der Blase erfahren, dass Menschen außerhalb der Blase nicht länger schlecht oder falsch erscheinen. Menschlichkeit, Liebe, siegt dann über Paranoia. Es gibt auch eine andere Möglichkeit: Das Leben der Menschen in dieser Blase wird irgendwie aufgegeben. In beiden Möglichkeiten verschwindet die Blase aber aus dem Erdsystem und kehrt nie wieder zurück. Die Erde reduziert somit die Erfahrungsbereiche, in denen Dualität derzeit erfahren werden kann. Sie werden immer mehr zu kleinen dunklen Bläschen, die schließlich wie Seifenblasen zerplatzen. Das Bewusstsein in der Blase wählt dann die Liebe oder es verlässt das Erdsystem. Letztendlich, wenn all diese Blasen verschwunden sind und die Menschheit als Ganzes das Einheitsbewusstsein annimmt, ist die neue Erde und das goldene Zeitalter Wirklichkeit geworden.

⚕ Die Existenz des Bösen ⚕

Merksam: Und was ist mit dem Bösen in der Welt? Wohin geht dieses dann?

Electra: Die Grundlage des Glaubens an die Dualität ist die Existenz des Bösen. Das ist letztendlich die Dualität: Gut gegen Böse. Licht gegen Dunkelheit. Wenn man sagt, dass alles eins ist, neigt man dazu, die Existenz des Bösen zu leugnen. Und dass es das Böse gibt, ist natürlich schwer zu verdauen und auch schwer zu glauben. Wenn jedoch alles eins ist, bedeutet dies keine Verneinung des Bösen, sondern eine Verneinung des Bösen außerhalb von uns. Alles ist eins, bedeutet eigentlich: Alles ist in uns. Wenn alles eins ist, ist alles in mir, und deshalb ist auch das Böse in mir. Zu sagen, dass alles eins ist, ist daher keine Leugnung des Bösen, sondern eine Einladung, sich dem Bösen in uns selbst, unserem Schatten, zu stellen und Verantwortung dafür zu übernehmen. Schau dir daher den Schuldigen in dir drinnen an und versuche ihn zu umarmen. Denn nur Liebe siegt über das Böse. Wir finden inneren Frieden, indem wir die Täter und Opfer in uns selbst in dem liebevollen Raum, der wir sind, einander begegnen lassen. Und das ist der Raum, den uns seit langem die Planeten der Plejadensterne bieten und euch bald die neue Erde bzw. das goldene Zeitalter bieten wird. Der Mensch der neuen Erde ist eine spirituelle Vorstufe zur Entwicklung zu einem Engel, der auch Böses erlebt hat und auch einmal Böses war. Er hat daher ein tiefes Verständnis und eine tiefe Liebe für alle, die immer noch in der Dualität kämpfen und leiden. Habe daher keine Angst davor, dieser Engel zu werden: Schau auf deinen Schatten und sage „Ja“ zu ihm.

♃ Hierarchien und Schichten ♃

Merksam: Man hört immer wieder von den verschiedensten feinstofflichen Dimensionen und den diversen Dichten. Gibt es da eine Hierarchie im Universum?

Electra: Es gibt sozusagen eine Treppe zum Himmel, um dies einmal leichter verständlich auszudrücken. Diese Treppe führt durch die himmlischen Reiche des Jenseits und setzt sich sogar noch weiter fort, bis hin zum endgültigen Bewusstseinszustand, aus dem das Universum entstanden ist. Das unendliche Sein, die ultimative Quelle aller Dinge, erschuf ein Universum von unendlicher Vielfalt, von unendlichen Teilen des Ganzen. Als physische Lebewesen der Galaxis sind wir die Abenteurer, die sich in die physische Erfahrung projiziert haben, um einen tieferen Fokus in unsere Erfahrung zu bringen. Unser Ziel im physischen Bereich des Bewusstseins ist es, ein scharf definiertes Identitätsgefühl zu erlangen und von dort aus zu wachsen. Die langfristige Mission eines jeden von uns ist es, durch die Erfahrungen des Lebens ein erweitertes Bewusstsein zu erlangen, bis wir schließlich zu der einen Schöpferkraft zurückkehren, nicht länger als neugierige Sucher, sondern als selbst verwirklichte, bewusste Energie. Die Stufen dieser Treppe werden von zwölf Bewusstseinsschichten gebildet. Jeder Stufe setzt sich aus einem unterschiedlichen Kompressionsgrad des ursprünglichen Bewusstseins zusammen, das das Universum erschaffen hat. Die höheren Stufen sind ätherischer oder weniger komprimiert als die niedrigeren. Die unteren Stufen sind komprimierter, schärfer fokussiert und klarer definiert als die oberen. Jeder Schritt entlang dieser „Treppe" besteht aus Bewusstsein. Sogar die physische Welt mit ihren scheinbar physischen Objekten besteht zu 100% aus Bewusstsein, projiziert auf eine Weise, die äußerlich und solide erscheint. Die zwölf Bewusstseinsschichten der Schöpfung sind in vier Gruppen von drei Dichten unterteilt. Diese vier Gruppen enthalten die materiellen, spirituellen, kosmischen und göttlichen Dichte-Schichten der Existenz. Die drei dichtesten Schichten sind die Materialgruppe. Diese beziehen sich auf die grundlegende physische Existenz. Das Bewusstsein der ersten Dichte ist das Reich der Atome und Moleküle der physischen Materie, sowie das grundlegende Gefühl des Überlebens. Dies ist die Heimatdichte des Bewusstseins der Elemente, die die Grundlage der physischen Materie bilden, einschließlich der physischen Körper, die von Pflanzen, Tieren und Menschen verwendet werden. Die zweite Dichte unterstützt das Bewusstsein für pflanzliches und tierisches Leben sowie den Wachstumsdrang. Pflanzen zum Beispiel reproduzieren und breiten sich aus, bis sie die Grenzen ihrer Umgebung erreichen. Die zweite Dichte ist auch die Dichte der Grundemotionen wie Wut und Angst. Die dritte Dichte ist der gegenwärtige Existenzbereich für das kombinierte Bewusstsein der physischen Menschheit der Erde. Hier wird das Bewusstsein der Individualität und

Selbsterkenntnis entwickelt. Die Erfahrung der Menschheit der Trennung von ihrer inneren Quelle ist ein absichtliches Experiment, bei dem die Illusion der physischen Existenz sehr real wird. Das Spiel der menschlichen Körperlichkeit begann vor langer Zeit. Als neugierige Geister habt ihr den Wunsch nach maximaler Wirkung entwickelt und ihr Menschen der Erde entdeckten dann, wie man ein vollständiges Eintauchen in das Spiel schafft. Es ist dieses völlige Eintauchen in die Körperlichkeit, das das Leben auf der Erde so real erscheinen lässt, so voller Leidenschaft, so losgelöst von eurer spirituellen Quelle und doch voller Potenzial für Selbstfindung. Die Erfahrung der Trennung der Menschheit von ihrer inneren Quelle wird durch die Verwendung eines physischen Gehirns erreicht, das sich auf die fünf Sinne konzentriert. Diese Sinne versorgen das menschliche Gehirn mit Informationen aus einem scheinbar externen Universum. Euer Gehirn ist verdrahtet, um Raum wahrzunehmen und Zeit zu erfahren. Das Abwenden eurer Aufmerksamkeit von inneren, spirituell verbundenen Informationen sorgt für ein scharf umrissenes Gefühl von Individualität, das nicht möglich gewesen wäre, wenn euer Gehirn anders konstruiert gewesen wäre. Das Bewusstsein der dritten Dichte unterstützt auch andere Qualitäten für ein sich entwickelndes Bewusstsein, wie die Entdeckung von Mut und Optimismus und die Entwicklung von Intellekt und Vernunft. Die nächste Schicht der Dichte ist die spirituelle Gruppe. Das Tor zum spirituellen Bewusstsein geht durch die Bewusstseinsebene, zu der die Menschheit derzeit erwacht. Die des herzzentrierten

Bewusstseins. Für die Menschheit beginnt hier das Abenteuer erst richtig! Im Bewusstsein der vierten Dichte erwacht das Herz zu einem natürlichen, uneingeschränkten Fluss bedingungsloser Liebe. Im Bewusstsein der dritten Dichte entwickeln die Menschen Themen der Trennung voneinander. In der vierten Dichte entwickelt man Integration oder die Heilung der Trennung. In der vierten Dichte befindet sich auch das Geisterreich oder das Leben nach dem Tod. Hier lösen und integrieren Menschen die emotionalen Erfahrungen, die sie während ihres physischen Lebens gemacht haben. Wenn sich der heutige massive Bewusstseinswandel ausreichend durchgesetzt hat, wird die vierte Dichte auch der neue Ort für das physische menschliche Bewusstsein werden. In dieser Dichte entwickeln sich die Qualitäten des Gleichgewichts und der bedingungslosen Liebe, die zur Entwicklung innerer Freude führen. Die fünfte Dichte bringt die Fähigkeit mit sich, kraftvolle Realitäten zu erschaffen und Raum und Zeit zu transzendieren. Sobald Geister im Jenseits ihre Emotionen integriert und ihre Konflikte gelöst haben, können sie in die fünfte Dichte übergehen. Die fünfte Dichte ist ein nichtphysischer Bereich der Seele, des „höheren Selbst" oder inneren Wesens. Ihr inneres Wesen ist Ihr vollständiges Bewusstsein und umfasst daher die unterbewussten und überbewussten Aspekte des Geistes. Dein inneres Wesen hat eine klare Verbindung zu den höheren Dichten und zum unendlichen Sein. Daher bietet dir die Entwicklung einer klaren Verbindung zu deinem inneren Wesen eine direkte Quelle spiritueller Ermächtigung. Während deine unmittelbaren Seelenverwandten typischerweise aus sieben anderen Seelen bestehen können, ist deine wahre Seelenfamilie aber viel größer. Sie umfasst ungefähr zweitausend Individuen, die in einer riesigen Familie von Menschen mit gemeinsamen Vorlieben und Interessen zusammengefasst sind. Sie teilen einen ähnlichen energetischen Hintergrund, eine ähnliche Geschichte und viele Vorlieben in Bezug auf die Art von Erfahrungen, die sie genießen. Das sind die Menschen, mit denen du die größte Empathie teilst. Für dein inneres Wesen sind sie „Zuhause". Von den anderen Mitgliedern deiner Seelenfamilie wird typischerweise weniger als die Hälfte zu einem bestimmten Zeitpunkt in physischer Inkarnation sein. Viele werden in anderen Ländern oder in anderen Teilen deines Landes leben. Wenn du sie triffst, erkennst du sie als Menschen, die du in gewisser Weise als besonders empfindest. Es gibt eine Resonanz in deinem eigenen Bewusstsein, die ganz anders ist, als du auf einen völlig Fremden reagieren würdest. In der sechsten Dichte werden Bewusstseinsfelder größer, denn diese Felder sind in Vorbereitung auf einen Quantensprung in die kosmische Skala der Existenz der siebten Dichte. Obwohl eine Seelenfamilie aus vielen Individuen besteht, ist sie auch ein großes Bewusstseinsfeld für sich. Andere Beispiele für Bewusstsein der sechsten Dichte sind Engel und andere spirituelle Lichtwesen. Es ist auch die Quelle des Lichts des universellen Geistes, der während tiefer Meditation kontaktiert werden kann. Die sechste Dichte ist die Heimat einiger der großartigsten Seelen, die jemals die Erde mit ihrer Anwesenheit beehrt haben. Das Bewusstseinsfeld eines spirituellen Welt-Lehrers zum Beispiel ist enorm, im Vergleich zum Bewusstseinsfeld eines typischen Menschen. Aufgrund dieser großen Bewusstseinsfähigkeit, zusammen mit ihrer Fähigkeit, ihre Aufmerksamkeit in viele Teile gleichzeitig aufzuteilen, können solche Welt-Lehrer den Bedürfnissen all jener dienen, die sie in Zeiten der Not anrufen. Erzengel sind in der oberen sechsten Dichte stationiert, sodass ihr Bewusstsein den gesamten Planeten in all seinen Manifestationen in der fünften, vierten und dritten Dichte umfassen kann. Auf diese Weise sind diese globalen Geistwesen in der Lage, mehrere Hilferufe gleichzeitig zu erkennen und darauf zu reagieren. Die Präsenz, die die Menschen als Mutter Natur oder Gaia kennen, basiert ebenfalls in der oberen sechsten Dichte, sodass sie und ihre Naturgeister überall dort präsent sein können, wo Leben genährt werden soll. Die Assoziation des Lichts besteht aus vielen tausend spirituellen Wesen, die, nachdem sie das kosmische Bewusstsein gemeistert hatten, dann die Einweihung des vollen Aufstiegs durchliefen. Ihre Funktion besteht darin, die Energie der Menschheit auszugleichen. Indem sie spirituelles Licht anziehen, konditionieren und in die Welt übertragen, halten sie das Lichtgleichgewicht für die Menschheit aufrecht, damit ihr eure Erfahrung auf der Erde fortsetzen könnt, ununterbrochen durch das, was sonst die automatischen, karmischen Reflexionen der schlimmsten Handlungen der Menschheit wären. Ihr Beispiel des Dienstes durch Anziehen, Konditionieren und Übertragen von spirituellem Licht in die Welt ist eines, dem ihr irgendwann alle folgen werdet, wenn ihr euch spirituell weiter entwickelt. Wenn die Leiter der menschlichen Evolution zu ihren ultimativen, spirituellen Höhen erklommen ist, gibt es im großen Plan der Schöpfung nur noch einen Ort, an den man als Nächstes gehen kann. Dieser nächste Schritt besteht darin, Teil der Intelligenz eines planetaren Wesens zu werden. Denn Gaia, der Planet Erde, hat viel mehr zu bieten, als man denkt. Die siebte Dichte ist die Heimat von planetengroßen Bewusstseinsfeldern. Im physischen Bereich bietet sie der Menschheit ein Zuhause. Ihr spirituelles Herz residiert jedoch in diesem nicht-physischen Reich der siebten Dichte des spirituellen Lichts. Es ist kein Zufall, dass die siebte Dichte dort ist, wo kosmisches Bewusstsein auftritt. Dies ist die erste Dichte-Schicht, die der kosmischen Bewusstseinsskala gewidmet ist. Ein Mensch kann die siebte Dichte während einer Periode des kosmischen Bewusstseins besuchen, aber er kann sich dort nicht dauerhaft aufhalten, da es als Reich entworfen wurde, das Felder von planetengroßem Bewusstsein beheimatet. Das spirituelle Herz der Sonne befindet sich im achten Dichte-Bewusstsein. Was wir in der dritten Dichte sehen, ist ihr physischer Körper, der eine schwache Widerspiegelung ihrer spirituellen Ausstrahlung der achten Dichte ist. Einen Einblick in die wahre Größe des Magnetkörpers der Sonne kann man aus der Heliosphäre gewinnen. Dies ist eine magnetisierte Energiekugel, die sich von der Sonne aus viermal weiter als der äußerste Planet Pluto in alle Richtungen erstreckt. Das ist ein ca. 20 Milliarden Kilometer breiter, magnetischer Körper, der die Planeten und alle Lebensformen in seiner Sphäre enthält, erhält und pflegt. Ihr lebt nicht nur in ihrer Heliosphäre der dritten Dichte, sondern seid auch auf der Bewusstseinsebene der achten Dichte mit dem spirituellen Wesen verbunden, das ihr die Sonne nennt. Du kannst nicht in seiner Sphäre geboren werden, ohne vorher energetisch ein Teil davon zu werden. Ihr seid, wie es von alten Kulturen der Erde richtig gesagt wurde, Kinder der Sonne. Ebenso durchlief deine Seele, bevor du zum ersten Mal physisch auf der Erde geboren wurdest, eine Geburtseinweihung durch die heilige Flamme der Mutter Erde. Auf einer kosmischen Bewusstseinsebene ist sie deine spirituelle Mutter, genauso wie die Sonne dein spiritueller Vater ist. Im großen Plan der Schöpfung enthält die Erde, das Gott am nächsten stehende Bewusstsein in eurer Reichweite, und die Sonne enthält das Gott am nächsten stehende Bewusstsein in eurer Sichtweite. Der Sonne und der Erde Ihre Liebe und Dankbarkeit zu senden, ist nicht nur absolut sinnvoll, es ist die älteste und stärkste spirituelle Praxis auf der Erde. Eine Galaxie ist eine lebende Zelle im Bewusstsein des Universums. Wie die Sonne, die später ihre Planeten gebar, gebar jede Galaxie die Sonnen in ihrem massiven Körper. Obwohl die Zentralsonne jeder Galaxie die Energie des Bewusstseins von oben an das manifeste Universum verteilt, strahlen die Zentralsonnen kein physisches Licht aus und sind daher für das menschliche Auge unsichtbar. Um das Ausmaß der Schöpfung einzuschätzen, hat euch die Radioastronomie eine Vorstellung von der Gesamtzahl der existierenden

Galaxien gegeben. Derzeit nehmen eure Wissenschaftler an, dass es im Universum zwischen 100 und 125 Milliarden Galaxien gibt. Auch wenn sie sich dabei irren und die tatsächliche Zahl wesentlich höher ist, so habt ihr hier dennoch eine Widerspiegelung der Macht der Schöpferkraft. Zuerst gab es das unendliche Sein als vollkommenes, unveränderliches Bewusstsein. Dann trat das unendliche Sein in einen aktiven Modus ein, indem es sich in die drei schöpferischen Aspekte Denken, Fühlen und Bewegung oder Manifestation aufteilte. Dieser aktive Ausdruck des unendlichen Seins erschuf dann die Zwölf-Dichten-Struktur des Universums innerhalb seines eigenen Bewusstseins. Danach fügte sich das unendliche Wesen in seine eigene Schöpfung ein. Um die feinen Details zu erschaffen und die gesamte Schöpfung zu „verwalten“, fügte es seine schöpferischen Aspekte in die göttliche Gruppe der Dichten ein. Dichte zwölf wurde die Heimat der Gründer, Dichte elf wurde die Heimat der Wächter und Dichte zehn wurde die Heimat der göttlichen Manifestation, die zum energetischen Zentrum des manifestierten Universums werden würde. Einmal in diesen höheren Dichten etabliert, begann das Bewusstsein der unendlichen Schöpferkraft, tiefer in jede Bewusstseinsschicht einzutauchen und die Galaxien, die Sonnensysteme, die Planeten und schließlich die Biosphären und die Lebensformen zu erschaffen, die sie bewohnen können. Die Menschheit ist eine der neuesten Entwicklungen in dieser Erforschung des Selbstbewusstseins, weil die Menschheit, wie ihr Schöpfer, mit der Qualität des Selbstbewusstseins ausgestattet ist. Durch die Menschheit kann sich der Schöpfer selbst aus der Tiefe der Komplexität seiner eigenen Schöpfung beobachten. Dies ist die Manifestation des ursprünglichen Stadiums der Schöpfung. Es ist der Ausdruck des göttlichen Bewusstseins als energetischer Mittelpunkt des erschaffenen Universums. Wie die Zentralsonnen der Galaxien ist diese Quelle allen Lebens im Universum im physischen Bereich unmanifestiert. Dies sind die Wächter der gesamten Schöpfung. Die Wächter oder Herren des Karma beobachten und regulieren unaufhörlich das Universum, um es gemäß dem alles durchdringenden Gesetz von Aktion und Reaktion in perfektem Gleichgewicht zu halten. Die Funktion der Wächter besteht darin, alles Leben im Universum zu schützen. Bei Bedarf tauchen sie in die tieferen Dichten ein, um Details zu verwalten oder neue Projekte innerhalb des Universums zu initiieren. Eines dieser Projekte war eures: Die Schaffung des menschlichen Bewusstseins und sein allmähliches Eintauchen in tiefere und daher schärfer fokussierte Schichten der Dichte. Wie alle Bewusstseinsschichten seid ihr direkt mit den Wächtern verbunden. Sie sind Teil der spirituellen Linie, die euch mit dem ultimativen Zustand verbindet, aus dem wir alle gekommen sind, dem des unendlichen Seins. In der physischen Existenz der dritten Dichte wird Karma oft als negativ wahrgenommen, weil es jeden Gedanken und jede Handlung widerspiegelt, einschließlich Angst und Hass. Es ist jedoch einfach ein Gesetz des natürlichen, perfekten Gleichgewichts, da es garantiert, dass sich alle Gedanken und Handlungen widerspiegeln. In eurer Physik wird es als Gesetz formuliert: „Aktion und Reaktion sind entgegengesetzt und gleich“. Es ist weder positiv noch negativ. Es bietet eine neutrale Reflexion dessen, wer du jetzt bist. Wenn sich eine Person vom materiellen Bewusstsein in das herzzentrierte Bewusstsein bewegt, kann es so aussehen, als ob ihr altes karmisches Muster beendet ist. An seiner Stelle steht ein Spiegelbild der neuen Person und ihrer bedingungslosen Liebe für alle. Als Gesetz der elften Dichte hört Karma jedoch nie auf zu existieren. Diese Reflexionseigenschaft ist mit dem Gewebe des lebendigen Universums verwoben. Der Gründer des Lebens im Universum, der Herr der Schöpfung, existiert in der Schicht mit der höchsten Dichte des Universums. Von hier aus wird das Bewusstsein mit energetischem Potenzial geladen und kaskadiert durch alle Dichten innerhalb der Schöpfung, wobei es sein Potenzial nach Bedarf innerhalb jeder Dichte entlang des Weges verteilt. Diese Kaskade der Bewusstseinsenergie geht durch die Zentralsonne des Universums und dann über die Zentralsonnen der Galaxien zu den jeweiligen Sonnensystemen. Wenn es die niedrigeren Dichten erreicht, wird es auch in die Energien umgewandelt, die erforderlich sind, um die Existenz von physischer und ätherischer Materie aufrechtzuerhalten. Als ätherische Energie erhält sie das physische Leben und hält die Umlaufbahnen der Planeten und der elektrischen Teilchen in jedem Atom aufrecht. Unendliches Sein ist das unteilbare „Eine“, der Ursprung von Allem, was ist. Die zwölf Dichten dieses Universums werden in seinem Bewusstsein gehalten. Als die Schöpferkraft in die tieferen Schichten seiner eigenen Schöpfung eintauchte, erweiterte er nach und nach die Möglichkeiten der Erforschung. Als Ausdruck des unendlichen Seins funktionieren wir intelligente Wesen des Universums heute als selbstbewusste Menschen, die in diesem großen Abenteuer namens Leben unter einzigartigen Bedingungen agieren. Sowohl ihr Menschen der Erde, als auch wir Menschen der Plejaden. Wenn wir „menschliche" Erfahrungen sammeln und unser Bewusstsein schrittweise erweitern, werden wir zu spirituellen Menschen. Dann werden wir zu aufgestiegenen Wesen und schließen uns schließlich wieder dem größeren kosmischen Schema der Dinge auf unserem Weg zurück zu der ursprünglichen Schöpferquelle an, aus der wir gekommen sind. Energetisch existieren wir nicht nur in der dritten Dichte, sondern auf allen Dichte-Ebenen der Schöpfung. Wir sind eins mit dem unendlichen Sein in seinem ultimativen Zustand und wir sind mit all seinen Manifestations-Ebenen verbunden. Während der eine Schöpfer die ursprüngliche schöpferische Kraft ist, sind wir auch mit der Fähigkeit ausgestattet, unsere Realität als lebendige Widerspiegelung unserer Gedanken, unseres Glaubens und unserer Sicht auf das Leben und seine Möglichkeiten zu erschaffen. Wir haben in uns unbegrenztes Potenzial, Leben voller Freude, Zweck und Bedeutung zu erschaffen. In deinem Leben kannst du jeden Weg wählen, den du bestimmst, und sobald du eine Absicht festgelegt hast, öffnet sich dir ein Weg, um diese

Absicht zu erfüllen. Sobald du eine bestimmte Absicht hinsichtlich deiner neuen Realität hast, beginnt das Universum, sich um diese neue Realität herum neu zu organisieren. Um diese Kraft der Kreativität zu verstärken, musst du dich bewusst auf dein inneres Wesen ausrichten und danach bestimmst du, was dir auf dieser tiefsten Ebene am wichtigsten ist. Dein inneres Wesen der fünften Dichte ist deine Seelen-Bewusstseinsebene. Es ist dein ganz persönliches Tor zu einer vollständigen Verbindung mit dem unendlichen Sein. Wenn du deine Verbindung mit deinem inneren Wesen bekräftigst, verbinde dich mit der Bewusstseinsebene, die die schöpferischste Kraft hat. Indem du dich auf dein inneres Selbst ausrichtest, kannst du jedes Potenzial ausschöpfen, das du dir vorstellen kannst, und ein lebendiger Ausdruck deines gewünschten Lebenswegs werden. Deine bewusste Ausrichtung mit solch einer inneren schöpferischen Kraft wird Synchronizität zum Fließen bringen. Es öffnet Türen auf dem Weg und löst Barrieren auf, wodurch dein Weg reibungslos und natürlich wird. Dein inneres Selbst ist deine persönliche Verbindung zum unendlichen Sein der Schöpferkraft und es ist die Quelle deiner spirituellen Ermächtigung. Sage bewusst, dass du beabsichtigst, mit der ganzen Bandbreite deines eigenen Bewusstseins zu arbeiten, und beobachte dann, wie sich Wunder in deinem Leben entfalten!

ℎ Bewusstseinskonzentration ℎ

Merksam: Wow, das bedeutet dann ja auch, dass man die Matrix verändern bzw. transformieren kann, oder?

Electra: Ja, natürlich. Das Bewusstsein des Geistes erweitert sich ständig und findet immer neue Ausdrucksformen, und dies gilt für alle Ebenen der Existenz und insbesondere für die physische Ebene. Viele eurer irdischen Religionen haben gelehrt, dass die physische Ebene ein Ort niedriger Schwingung ist, ein Ort der Sünde und des Elends, und die einzige Rettung darin bestand, sie ganz zu vermeiden und sich darauf zu konzentrieren, zu den anderen „höheren" Existenzebenen zurückzukehren. Sie hatten damit, vereinfacht ausgedrückt, nicht einmal unrecht. Oberflächlich betrachtet, scheint dies fast zu stimmen, tut es aber nicht. Denn Bewusstsein durchdringt alle Ebenen und ist auf der physischen Ebene durch jedes Teilchen, jede Schwingung, jeden Aspekt immer präsent. Menschen und andere individuell beseelte Spezies im gesamten physischen Universum sind hoch entwickelte Bewusstseinskonzentrationen, die sich ihrer selbst bewusst sind und sich ihrer Umgebung bewusst sind und in der Lage sind, sich ihres Ursprungs oder ihrer Quelle bewusst zu sein. Nicht alle dieser Wesen zeigen dieses Bewusstsein wissentlich, weil sie sich noch entwickeln und aufgrund dieser Unwissenheit zu niedrig schwingenden Einstellungen, Überzeugungen und Verhaltensweisen fähig sind, bis sie aufwachen. Dennoch sind sie hoch konzentrierte bewusste Wesen und haben durch ihre Wahrnehmung und Konzentrationsfähigkeit einen starken Einfluss auf ihre Realität. Wie du dich selbst und deine Umgebung siehst, bestimmt, wer du bist und wie deine Umgebung ist. Alle Menschen sind zu jeder Zeit an der

Realität beteiligt, auch wenn du sie anprangerst oder verurteilst. Verurteilung verstärkt alles nur, weil der Widerstand funktioniert. Da dein Bewusstsein nach den Maßstäben des Universums sehr jung und neu ist, ist es etwas unreif und erlaubt dir, Hässlichkeit und Zerstörung in seiner Umgebung zu erzeugen. Ähnlich wie ein Kleinkind, dass sein Fläschchen ständig aus dem Hochstuhl wirft, um zu sehen, was passiert, wenn die Flasche zu Boden fällt. Man könnte dies also leicht falsch interpretieren, um zu glauben, dass die physische Ebene von Natur aus elend, böse, ein Ort des Leidens oder was auch immer ist, aber es sind nur diese Dinge, wenn es so gesehen wird. Jede Münze hat zwei Seiten und ihr Menschen neigt nun einmal dazu gerne das Negative hervorzuheben. Ebenso bekommt auch jene Person, die am lautesten schreit, meist die größte Aufmerksamkeit. Das muss aber nicht heißen, dass die Meinung dieser Person repräsentativ für alle Menschen ist. Genauso ist es mit dem Bösen auf der Erde. Eure euch knechtenden und peinigenden Eliten sind nur ganz wenige, das heißt aber nicht, dass der größte Teil der Menschheit ebenso böse ist. Was ich damit sagen möchte ist, das Gute und das Schöne ist sehr wohl auf der Erde vorhanden, doch die wenigsten beachten es, weil das Böse so laut „schreit". Der Weg, die Realität zu verändern, besteht u. a. darin, sie anders zu sehen.

ϱ Zweck des Menschseins ϱ

Merksam: Wie wird dies getan, ohne sich auf Verleugnung und Täuschung einzulassen?

Electra: Erkenne an, dass du durch Vereinbarung mit anderen Seelen deiner Generation an einer Kreation teilnimmst, dass du, was auch immer du siehst und erlebst, dazu beigetragen hast, diesen Weg zu schaffen und zu gehen. Sei daher offen dafür, eine andere Möglichkeit mitzugestalten. Sei in der Lage, es so zu akzeptieren, wie es zu sein scheint, ohne Wertung und mit Neutralität. Erkenne, dass es von dem Göttlichen durchdrungen ist, das sich darin ausdrückt, aber stark von scheinbarer Dunkelheit getarnt ist. Sei bereit, es als göttlich zu sehen, in einer höheren Schwingung, und es mit Liebe in deinem Herzen zu sehen. Dies ist die magische Formel, die die physische Ebene in eine höhere Oktave transformiert und dazu führt, dass man die eine gute Seite der „Münze" sieht und nicht die andere „böse" Seite. Denn deine Sichtweise ist ein Spiegel deines Geistes, deiner Seele. Die Wahrheit befreit dich dann und in weiterer Folge befreit sie alle. Dies ist der primäre Zweck des Menschseins. Ihr habt es einfach vergessen und euch lange Zeit mit anderen Aktivitäten abgelenkt, die zwar fesselnd, aber auf lange Sicht viel weniger befriedigend sind. Der sprichwörtliche Garten Eden ist noch immer da. Dieser Garten ist echt. Der Garten ist schließlich das, worin alles verwandelt wird. Diese Sichtweise erfordert aber enormen Mut und Glauben, mit dem Risiko, dass du anderen als Verrückter erscheinst. Wenn aber genügend konzentriertes Bewusstsein zusammenwirkt, wird die physische Ebene tatsächlich vollständig transformiert. Bis dahin wird es durch die Augen von diesem und jenem Menschen auf sehr regionale Weise in kleinen Stückchen transformiert. Nach und nach erscheint dann der Garten Eden wie ein Puzzle.

ж Loslassen ж

Merksam: Aber was soll ich tun, wenn ich nur mit Negativem konfrontiert werde und ich das Gute einfach nicht sehen kann?

Electra: Lass Wut, Depression und Traurigkeit einfach los. Wenn du etwas Negatives erlebst/siehst/hörst, dann verdränge es einfach aus deinem Gedächtnis, ignoriere es und ersetze es mit etwas von dem du weißt, dass es dir Spaß macht und dir Freude bereitet. Denke ganz einfach an dein letztes positives Erlebnis/Aktivität. Sieh es mit Liebe. Sieh es als das Göttliche. Sieh es für das, was tatsächlich wirklich da ist. Wenn du das nächste Mal an einer Müllhalde oder einem Schrottplatz vorbeifährst, stell dir ein paar Blumen vor. Wenn du nach ein paar Wochen dort wieder vorbeifährst, dann werden dort tatsächlich ein paar Blumen gewachsen sein. Danach werden es immer mehr, bis man wie durch Zauberei einen Garten sieht, wo einst ein Schrottplatz war. Das gilt für alles im Leben. Du schaffst Wunder, indem du kleine Maßnahmen ergreifst, die deine neue Art der Wahrnehmung begleiten. Du streust einige Blumensamen vor den Schrottplatz und deren hohe Frequenz beginnt eine transformierende Wirkung auf die gesamte Umgebung. Du erkennst dich als hoch konzentriertes Bewusstsein, das befähigt ist, die Realität nach Belieben zu transformieren. Menschen sind wirklich besonders ermächtigt, aber nur, wenn sie erkennen, dass sie es auch wirklich sind. Sonst können sie durch ihre Unwissenheit auch wie ein Krebsgeschwür sein. Um in eure Kraft zu treten, müsst ihr Verantwortung übernehmen für das, wozu ihr wirklich fähig seid. Ihr seid keine hilflosen Opfer, nicht zum Leiden verurteilt. Ihr seid Erweiterungen und Ausdrucksformen des Geistes. Bis ihr dies erkennt, werdet ihr aber leider auf das Schlimmste verbannt, was die physische Ebene zu bieten hat. Verbannt auf einem scheinbaren Gefängnisplaneten, der aber auch der Garten Eden sein könnte. Es liegt ganz bei euch.

☙ Weckruf ☙

Merksam: Jeden Tag stehe ich auf, um zu „sehen", was der Rest der Welt „treibt". Jeden Tag sehe ich mehr und mehr, wie gespalten, wie unfreundlich, wie tief schlafend, wie getrennt alle leben. All diese Konditionierungen und Programmierungen. Sollte das nicht eigentlich ein „mega" Weckruf für alle Menschen der Erde sein?

Electra: Ja, natürlich, doch die meisten schlafen eben noch. Sie sind nicht erwacht. Deswegen ist die Arbeit von euch erleuchteten Lichtarbeitern auf der Erde so wichtig. Es ist eine Gelegenheit, anderen Menschen zu helfen, die noch immer blind durchs Leben laufen. Es ist eine der reinsten Formen der Liebe, die es gibt. Es ist eine Gelegenheit Dinge zu tun, die die Menschheit vereint und unterstützt, anstatt Hass, Verletzung, Spaltung und Angst zu schüren. Die Menschheit steht wirklich an einem Wendepunkt und jeder einzelne Lichtarbeiter kann etwas Großartiges vollbringen. Das bedeutet aber auch, die verzerrten Wahrnehmungen der nicht erwachten Menschen zu sehen, die verzerrte Programmierung der Matrix zu sehen, die kaputten und einseitigen Systeme zu sehen, die konstruiert wurden, um Ungleichgewichte zu schaffen. Es braucht eine immense Liebe für die Menschheit, um der Unterschied und die Veränderung zu sein. Es braucht enormen Mut und Herz, gewaltige Konzentration, große Fürsorge und tiefen heiligen Respekt für alle Wesen auf eurem Planeten, derjenige zu sein, der die Herzbewusstseinserweiterung über die begrenzten, festen Konstrukte der Matrix hinaus zu den noch schlafenden Menschen bringt. Ihr Lichtarbeiter seid gesegnet, die Schönheit und Freude erfahren zu können, euch mit Menschen zu verbinden und mit ihnen zusammenzuarbeiten, auch wenn sie noch schlafen. Diese armen Menschen, diese noch nicht erwachten Seelen, sind wie Blinde. Stell dir ihr Erwachen vor, wenn sie plötzlich das Licht sehen können und stell dir vor, du warst derjenige, der sie wachgerüttelt hat und ihnen das Licht der echten Realität geschenkt hat. Realitäten wurden auf der Erde leider oft aus Verzerrungen erschaffen, bestehende Systeme wurden aus verzerrten Wegen erschaffen und jeder, der darin lebt, lebt diese Verzerrungen ohne sich dessen bewusst zu sein. Dies alles zu verstehen, ermöglicht aber Mitgefühl, Verständnis und Freundlichkeit, sodass ihr Lichtarbeiter bei Übergängen helfen könnt, Bewusstseinszustände zu verbessern und neu zu entwickeln. Wenn sich das Herz eines jeden wirklich ganz öffnet, erscheint eine neue Bewusstseinsebene. Der Kampf hört auf, das Urteil hört auf, die Angriffe hören auf, die Teilung hört auf und ein neuer Weg wird aus dem universellen Herzen eines jeden geboren. Auf jeder Ebene und in jeder Hinsicht wird jedem auf eurem Planeten jetzt die Gelegenheit geboten, neue Wege zu schaffen, die die gesamte Menschheit unterstützen. Diejenigen, die spirituelle Positionen innehaben, wie erwachte Lichtarbeiter, werden jetzt mit Möglichkeiten konfrontiert, immense Veränderungen zu ermöglichen, die die kollektive Seele der Menschheit auf einen viel höheren Bewusstseinszustand als je zuvor bringt. Aber eure Herzen und Gedanken müssen dafür wirklich weit offen sein und ihr alle müsst euch über das Alte hinausbewegen, damit dies auch wirklich geschehen kann.

dz Die verlorenen Unerwachten dz

Merksam: Die Lichtarbeit fällt mir oft so schwer. Wie kann ich es vermeiden, von den vielen noch immer schlafenden und nicht erwachten Menschen rund um mich frustriert zu werden?

Electra: Dies ist eine wichtige Frage, besonders in eurer jetzigen Zeit. Das Schicksalsjahr 2020 hat euch ja gezeigt, dass zu viele noch schlafen und nicht bereit sind aufzuwachen. Es hat auch gezeigt, dass viele, die wach zu sein schienen, nur teilweise wach sind. Du solltest immer, zu deinem Selbstschutz, vorsichtig sein, wenn es darum geht, wie du dich gegenüber Menschen verhältst, die sich noch im immer im Tiefschlaf befinden, und gegenüber jenen, die aufwachen, dies aber noch nicht vollständig getan haben. Die Tatsache, dass du das große Gesamtbild verstehst, bedeutet nicht, dass es jemand anderes ebenso tun wird. Was dir persönlich einfach erscheint, kann eine ganze Weile dauern, bis jemand anderes dies ebenso erkennt. Wenn diese gerade erwachenden Menschen endlich anfangen zu verstehen, kann es für sie absolut aufschlussreich sein und ihre Entwicklung schnell beschleunigen. Jeder ist aber auf seinem eigenen Weg und geht ihn in seinem eigenen selbstbestimmten Tempo, dass er oder sie selbst gewählt hat. Es ist völlig in Ordnung, dass jeder in seinem speziellen Bewusstseins- oder „Unbewusstseins"-Zustand ist. So sehr du es vielleicht lieben würdest, dass alle Menschen in die fünfte Dimension aufsteigen würden und alle „Raubtiere" und psychopathischen Kräfte mit Licht behandelt würden, so darfst du niemals vergessen, dass wir niemandes freien Willen verletzen dürfen. Dies ist ein Universalgesetz, deswegen greifen Besucher fremder Planeten nicht proaktiv in der Entwicklung der Erde ein. Wir können nur manchen Individuen Denkanstöße geben, so wie wir es bei dir machen. Betrachte die Natur als gottgegeben, wo alles so geschieht, wie es sollte. Es gibt immer irgendeine Art von Bewegung. Manche Menschen bewegen sich nach oben, andere eben nach unten. Der Evolutionsprozess der meisten Menschen bewegt sich jedoch sehr volatil, mit Höhen und Tiefen, bewegt sich aber letztendlich vorwärts und aufwärts. Sicher, es wird Zeiten geben, in denen es einen massiven Absturz in der Bewusstseinsebene gibt und eine dunkle Nacht der Seele gibt, aber sobald die Dunkelheit angesprochen und die Schatten erleuchtet sind, geht die Vorwärtsbewegung wieder nach oben weiter. Wer gerade jetzt zu schlafen scheint, kann auch nach allem, was passiert ist, nicht zum Aufwachen gezwungen werden. Diese Menschen sind einfach nicht bereit, sei es aufgrund eines tiefen Traumas, Ängsten oder einfach nur des Mangels an Fürsorge, und das ist in Ordnung so. Denn eines fernen Tages werden auch diese Menschen erwachen.

ǭ Völlig neue Phase der Evolution ǭ

Merksam: Was passiert, wenn dieser Prozess nicht schnell genug passiert? Was, wenn nicht genügend Menschen erwachen?

Electra: Wenn ihr euer Bewusstsein erweitert, könnt ihr insgesamt sehen, dass ein massives Erwachen im Gange ist. Vielleicht beobachtest du dies seit eurem Schicksalsjahr 2020. Worüber ihr die Kontrolle habt, ist das Bewusstsein, das ihr innerhalb der 3D-Schnittstelle verkörpert, das ihr euren menschlichen Körper nennt. Jeder Gedanke, jedes Wort und jede Handlung, die ihr macht, bringt euch im Bewusstsein entweder höher oder eben tiefer. Anstatt euch über den 5D-Aufstieg oder die neue Erde ständig den Kopf zu zerbrechen, könnt ihr selbst im Bewusstsein aufsteigen und die Realität auf eine radikal andere Weise erfahren als die Person, die direkt neben euch steht. Ihr könnt wirklich euren Bärenanteil dazu beitragen, die Blaupausen eines besseren Paradigmas auf der Erde niederzulegen. Andernfalls, wenn der Aufstieg und die radikalen Veränderungen so, wie ihr sie alle erwartet, nicht eintreten, läuft ihr Gefahr, desillusioniert, zynisch und apathisch zu werden, weil ihr eine zu hohe Erwartungshaltung hattet. Du kannst nur für deine eigene Erfahrung verantwortlich sein. Die Menschheit erlebt jetzt die Geburtswehen einer globalen sozialen Transformation, wie sie noch nie zuvor in der Geschichte der Menschheit erlebt wurde. Noch nie in der Geschichte des menschlichen Lebens auf diesem Planeten hat es eine so ernsthafte Bedrohung für den Planeten gegeben. Fast jeder spürt, dass etwas Großes passiert, und die Gründe dafür sind so zahlreich wie die Sterne selbst. Ihr befindet euch jetzt in einer völlig neuen Phase der Evolution, einer grundlegenden Evolution des Bewusstseins, die alles verändern wird. Dies ist eine absichtliche Evolution, basierend auf der Verlagerung eures Bewusstseins aus der Domäne des Egos in die einheitsorientierte Domäne. Einheit unter allen Völkern, egal wie ähnlich oder verschieden sie sind, wird der Schlüssel zu diesem Übergang sein. Indem ihr euch als eine Art und eine Familie vereint, könnt ihr nicht nur sicherstellen, dass ihr überlebt, sondern auch, dass ihr gedeiht und die niederen Bereiche des Bewusstseins transzendiert, damit ihr eine Welt haben könnt, die endlich erfüllt ist von Frieden, Liebe und Glück. Und schlussendlich auch als vollwertiges Mitglied in die Familie der galaktischen Völker aufgenommen werdet. Wenn ihr dies nicht tut, wird euer Schicksal besiegelt, die seelenzerstörendsten Dystopien zu erleben, die man sich nur vorstellen kann. Glücklicherweise aber, erhebt sich aus der Asche der alten korrupten „Ordnung“ ein Weltbild, das als Zeichen immenser Hoffnung für die unmittelbare Zukunft angesehen werden kann. Damit eure langfristige Zukunft aber tatsächlich rosig ist, müsst ihr euch einig darin werden, diese aufkommende, auf Einheit ausgerichtete Weltanschauung als den Schlüssel zu einer Zukunft zu sehen, auf die ihr alle stolz sein könnt. Wollt ihr wirklich, dass zukünftige Entdecker eures Sonnensystems auf euren Planeten kommen und entdecken, wie töricht ihr bei eurer planetarischen Arten-Selbstzerstörung wart?! Und zu einem abschreckenden Beispiel, in den Annalen der Geschichte aggressiver Rassen werdet, die ihren eigenen Untergang herbeiführten?! Aus Mangel an Verständnis für die Zusammenhänge von allem? Werdet ihr als „intelligente“ Spezies angesehen, die es hätte vermeiden können, in sich selbst zu implodieren, wenn sie nur ihre selbstzerstörerischen Bewusstseinspositionen abgelegt hätte? Werdet zu einer Spezies, auf die alle stolz sein können. Vergesst nicht, wie viele Gemeinsamkeiten ihr Völker der Erde alle miteinander habt. Schaut euch all die Überzeugungen an, die ihr anhäuft und die euch als Spezies spalten, und beachtet auch, dass diese nicht unbedingt repräsentativ für die Realität sind, sondern erlernte Verhaltensweisen waren, die die destruktiven Zyklen im menschlichen Verhalten, die ihr heute sieht, weiter verewigt haben. Es gibt eine ständig wachsende Zahl von Menschen, die die Bedeutung einer absichtlichen

Veränderung im kollektiven Bewusstsein der Menschheit erkennen. Sie fühlen in sich selbst, dass sie bei diesem Wandel eine entscheidende Rolle zu spielen haben, wenn sie wollen, dass er tatsächlich eintritt. Diese Menschen sehen, dass das gesamte sozioökonomische System geändert werden muss. Wenn du dich umschaust, dann siehst du, wie sich der egoistische Ausdruck der Gier manifestiert, indem die Besitzenden immer mehr von den Besitzlosen nehmen. Ihr erkennt dann, dass fast 14 Milliarden Jahre kosmischer Evolution im Universum für absolut nichts waren. Das kann es doch nicht sein! Diese ganze Entwicklung und ihr habt dennoch eine einzige Misere auf der Erde! Das ist sehr traurig! Der durch den Materialismus manifestierte psychologische Konsum und die Erwerbssucht scheint immer mehr Köpfe in kürzerer Zeit zu infizieren. Ihr befindet euch an einer sehr gefährlichen Stelle in eurer Evolution. Ein Zeitpunkt, an der die alte, vom Ego dominierte Mentalität verzweifelt darum kämpft, ihr aktuelles Machtniveau aufrechtzuerhalten. Es ist aber möglich, im Ausdruck höherer Geisteszustände wie Mitgefühl, Freude, Liebe und Frieden vereint zu sein und dabei die Eigenschaften zu bewahren, die jeden von euch besonders und einzigartig machen. Zusammenarbeit auf globaler Ebene ist möglich und sogar notwendig, um den Übergang zu einer neuen Menschheit zu schaffen. Es scheint, als ob es etwas wäre, was ein Kind verstehen würde, aber leider zeigen die Aktionen einiger eurer Weltführer in Regierungen und Industrie, dass dieses elementare Konzept nicht verstanden wird. Krieg, Hunger und Umweltzerstörung würden der Vergangenheit angehören, wenn die Völker der Welt nur zusammenarbeiten würden, um eine solche Welt zu schaffen. Ihr habt die total falschen Anführer. Ersetzt sie so schnell als nur möglich! In eurer heutigen Zeit, da sich verschiedene Krisen weit über die Grenzen eines Landes hinaus erstrecken, besteht eine sehr reale Möglichkeit, dass globale Einheit und Zusammenarbeit endlich Realität werden. Lasst euch aber nicht deprimieren von der aktuellen Lage auf eurem Planeten. Es findet ein massives Erwachen statt, mit der Erkenntnis, dass es jetzt oder nie ist. Ihr müsst euch aber in Form bringen, oder ihr werdet aus dieser Welt verschwinden, ohne die Möglichkeit, bald wiederzukommen. Werde daher ein absichtlicher Evolutionär, ein gemeinnütziger Lichtarbeiter und nutze jede Gelegenheit, die sich ergeben kann, um die Schaffung eines grundlegenden Bewusstseinswandels zu fördern, der in Größe und Reichweite global ist. Mache es zu einem Teil deines Lebenszwecks, dabei zu helfen, eine kritische Masse bewusst entwickelter Individuen zu schaffen, die die zerstörerische Natur der gegenwärtigen „neuen Welt-Ordnung" stoppen werden. Eure Zukunft und euer Überleben hängen davon ab.

Die stärkste Kraft eurer Gesellschaft

Merksam: Was kann ich Positives aus der zurzeit überwiegend negativ erscheinenden Weltsituation gewinnen?

Electra: Jetzt, da ihr aus dem Schlummer der sozialen Realität im Gefolge von zügelloser Feindseligkeit, Krankheit, Ungerechtigkeit, Politik und Aufständen geweckt wurdet, ist eure Gelegenheit gekommen, die antiquierte Seite der Menschheitsgeschichte umzublättern. In den letzten Jahren wurdet ihr alle von der Gefahr der sozialen Vernichtung in den Abgrund getrieben. Eure Geduld und eure Nerven wurden durch die bewusst falschen Entscheidungen eurer Anführer überstrapaziert. Ob du es glaubst oder nicht, es gibt dabei aber tatsächlich viele übersehene positive Aspekte, die in eurer herausfordernden, aber mächtigen Zeit in eurer Gesellschaft existieren. Obwohl ihr alle eure Begegnungen mit Wut, Hoffnungslosigkeit, Angst, Verlust, Traurigkeit und Einschränkung hattet, findet eine energetische Übergangsverschiebung statt, wie ihr sie noch nie erlebt habt. Unabhängig davon, wie die Gesellschaft erscheinen mag, befindet ihr euch definitiv in einer neuen Ära. Angst ist aber die stärkste Kraft in einer Gesellschaft. Diese unglückliche Wahrheit ist jetzt sicherlich offensichtlich. Ihr gebt aber leider eure persönliche Macht der Angst hin. Je mehr ihr dieses mächtige Element der menschlichen Natur meidet, und euch euren Ängsten nicht stellt, desto mehr ermöglicht ihr eure Versklavung. Dies ist der Hauptgrund, warum die meisten Menschen nie ihr menschliches Schicksal manifestieren. Generation um Generation erliegen sie ihrer Angst und erleben so eine unerfüllte Existenz. Es wird immer diejenigen geben, die sich entscheiden, die natürliche Evolution und den Fortschritt des menschlichen Schicksals zu täuschen, auszunutzen oder zu manipulieren. Von Angst beladene und unsichere Individuen, die mit der Vorstellung getäuscht wurden, dass Macht nur durch Aggression, Kontrolle, Spaltung, Profit und Krieg erlangt wird. Doch die Wirksamkeit und der Erfolg dieser archaischen Paradigmen schwinden und scheitern inmitten der Transzendenz von sozialem Bewusstsein, Empathie, Einsicht und Einheit. Der Plan eurer Eliten, die Schwachen auszunutzen, damit sie selbst profitieren, wird nach hinten losgehen. Denn die Dynamik des Lebens hat sich verändert. Seit eurem Schicksalsjahr 2020 befindet ihr euch in einer Beschleunigung der energetischen Evolution. Das Tor zum Universum steht weit offen und gibt euch die Möglichkeit, mit eurer Seele in Beziehung zu treten und sie zu personifizieren. Es ist eine schmerzhafte, aber kraftvolle Zeit, in der ihr sowohl außergewöhnliche Inspiration und Einsicht als auch extreme Angst und Furcht erfährt. Es gibt aber nichts, vor dem ihr euch fürchten müsst. Die soziale Realität ist darauf ausgelegt, diese Verschiebung des menschlichen Bewusstseins zu verhindern und sogar zu verbieten. Autoritäre Institutionen haben immer absichtlich versucht, eure vorgesehene Transformation zu kapern und zu behindern. Ob ihre Strategie nun Massenwaffen der Bildung, Politik, Religion oder Medien sind, ihre Kontroll- und Machtagenden sind allgegenwärtig. Doch das soziale Bewusstsein ermächtigt jetzt eine Transparenz, die in der Menschheitsgeschichte ihresgleichen sucht. Die meisten fühlen sich dabei leider noch wohl und sind bereit dazu, ihre persönliche Macht an Lehrer, Prediger, gewählte

Beamte, TV-Persönlichkeiten und einer großen Anzahl weiterer autokratischer Einheiten abzugeben. Ihr wurdet darauf konditioniert, eure Macht anderen unter dem Deckmantel von Zustimmung, Zugehörigkeit, Konformität, Patriotismus, Sicherheit und Selbstgerechtigkeit zu überlassen. Ihr selbst wart es, die diese soziale Versklavung ermöglicht haben. Zweifel sind in eurem Leben genauso einflussreich wie Angst. Jetzt werdet ihr mit der unbestreitbaren Wahrheit der aktuellen sozialen Erfahrung und Umgebung aber kräftig herausgefordert. Und das erzeugt ein dringend notwendiges Umdenken in vielen Menschen. Es passiert ein langsamer, aber sicherer Paradigmenwechsel. Immer mehr Menschen erkennen, dass sie das falsche Leben führen und dass mit ihrer Gesellschaft etwas gehörig nicht stimmt. Diese evolutionären Wehen gewähren euch eine einzigartige Gelegenheit, eure wirkliche Macht zu beanspruchen und eure Realität zum Positiven zu verändern. Instinkt ist ein Aspekt eures Körpers, „Denken" ist eine Facette eures Geistes und Gefühle sind ein Ausdruck eures Herzens. Doch diese Sinne sind keine direkte Artikulation des Seins. Ihr seid wie gesagt multidimensionale Wesenheiten, die durch die Gesamtheit eurer Möglichkeiten ermächtigt werden. Nutzt diese Möglichkeiten weise. Sein ist eure Bestimmung, eure ganzen Möglichkeiten im Handeln auszudrücken. Eure wahre Natur ist die wesentliche Fähigkeit, von allen Elementen eures Wesens zu profitieren. Wenn ihr das Gleichgewicht in eurem Wesen wieder herstellt, werdet ihr zu einem Ausdruck eurer Seele und des Universums. Dies sollte euch inspirieren, gemeinsam erfolgreich zu sein. Eure individuelle Erfüllung ist fruchtlos, wenn sie nur für das Selbst erreicht wird. Wahre Erleuchtung ist eine kollektive Erfahrung, wenn sie von allen erreicht wird. Wie das Sprichwort sagt: „Energie fließt dorthin, wo die Aufmerksamkeit hingeht." Das Universum versorgt euch mit unendlicher Energie, mit der alles beginnt und endet. Eure Energie ist eure Kraft. Wie ihr es ausdrückt, bestimmt eure Existenz, Wahrnehmung und Realität. Die Qualität wird oft durch euer toxisches persönliches oder soziales Klima beeinträchtigt. Euer Fokus und eure positive Absicht darauf ist der einzige Weg, wie ihr euch selbst und eure Umwelt verändern könnt. Das Vermächtnis eurer Energie schwingt über euer Leben hinaus. Wer ihr seid, manifestiert das Universum energetisch in der sozialen Realität. So mächtig seid ihr! Wer ihr seid, ist eine Erklärung der Ermächtigung und die Verkörperung eurer Seele. Die meisten mögen eure heutige Zeit als zunehmend düster empfinden. Diese letzten Jahre waren aber auch eine außergewöhnliche Gelegenheit, euer Versagen in sozialen Konflikten, Krankheiten, Dualität und Gesellschaft anzuerkennen und einfach loszulassen. Wenn ihr mit eurem Instinkt und Intellekt beobachtet, könnt ihr diese Herausforderungen aber notwendig und gerechtfertigt erscheinen lassen. Doch die Erweiterung eurer Vision rund um euer Herz und eure Intuition transformiert eure Erfahrung und richtet euch auf das Universum aus. Euer volles Seinspotenzial zu leben, befähigt euch, eure momentane tragische soziale Realität zu transzendieren, um eure Seele anzunehmen und ein

Ausdruck davon zu werden. Eure persönliche Transformation erschafft, erhält und erfüllt eure universelle Bestimmung.

૭ Diese Methode hilft ૭

Merksam: Ich fühle mich schon seit längerem nicht mehr wohl in meiner Umgebung, meinem Umfeld und das, obwohl ich mich eigentlich nicht beklagen sollte...

Electra: Dies ist normal. Ein häufiges Thema während eines spirituellen Erwachens ist das Herauswachsen aus einer Umgebung, die früher befriedigend war und jetzt einschränkend geworden ist. Über eine vertraute Bewusstseinsebene hinaus zu reifen, ist natürlich mit Schwierigkeiten verbunden. Die Leute werden sagen, dass sie egoistisch sind, wenn sie sich nicht damit wohlfühlen, ihre eigene Macht zu besitzen. Die Menschen werden sagen, was sie wollen, immer in Übereinstimmung mit ihrer eigenen Wahrnehmungsebene. Aufgrund der tiefen Analyse und flüchtiger Eindrücke aus der Gesellschaft wird aber jeder, der sich in seiner Souveränität entwickelt, entscheiden müssen, was er mehr schätzt: die Wahrnehmung anderer oder die Ehre des eigenen Weges. Mit ständigen Projektionen von anderen, die durch euer Wachstum ausgelöst werden, und Fehlwahrnehmungen von denen, die darauf abzielen, eure Erfahrung zu verringern oder zu kontrollieren, kann dies dazu führen, dass man fälschlicherweise denkt, dass spirituelle Entwicklung nicht der attraktivste Lebensweg ist, den man hinuntergehen kann. Oft sucht ihr unbewusst die Zustimmung anderer, damit ihr wachsen könnt. Was ihr unschuldig verlangt, ist ein Spiegel in der Außenwelt, um zu bestätigen, was in eurer Innenwelt vor sich geht. Das ist aber nicht so schrecklich, wenn es einmal entmystifiziert ist. Ihr sucht eine Erlaubnis. Ähnlich einer Dynamik, wie im Spielen eines Rollenspiels, bei dem die Spieler Anweisungen zu befolgen haben, diese aber ausscheiden, wenn sie nicht, oder zu langsam reagieren. Die Spieler halten dann mit, aus Angst, ausgeschlossen zu werden, lächerlich gemacht oder beurteilt zu werden. Die Handlungen waren aber nicht ehrlich. Wenn ihr euch entscheidet, dieses Spiel zu spielen, wartet ihr darauf, dass die Menschen um euch herum eure Handlungen billigen, während ihr euren wahren Selbstausdruck zurückhaltet. Ihr könnt auf diese Weise möglicherweise harte Projektionen von anderen vermeiden, aber ihr beraubt euch letztendlich auch selbst eures vollen Potenzials und eines Lebens, mit dem ihr in wahrer Ausrichtung seid. Das ist dann eine Situation, in der „Gefangene, die andere Gefangenen überwachen", weil das genau die energetische Dynamik ist, die sich abspielt, wenn man sich eure Gesellschaft genauer ansieht. Die zugrunde liegende Angst ist, dass ihr ganz allein sein werdet, wenn ihr die Zustimmung derer verliert, die ihr fälschlicherweise als falsche Idole bewundert. Habt keine Angst davor! Ihr verweigert euch in Wirklichkeit nur eurer eigenen Ganzheit, indem ihr zulässt, dass euer Ausdruck durch die Urteile anderer eingeschränkt wird. Ihr beurteilt andere, weil ihr in Wahrheit euch selbst beurteilt.

Verbindung ist ein Grundbedürfnis der Menschen, und Verbindung spielt eine Rolle dabei, warum ihr überhaupt um Erlaubnis bzw. Zustimmung bittet. Menschen sind voneinander abhängig, es ist ein natürlicher Instinkt für euch, Unterstützung von Gleichgesinnten oder Gleichaltrigen zu wollen und zu suchen. Wenn ihr einander unterstützt, werdet ihr als Kollektiv gedeihen. Der Unterschied zwischen dem Wunsch nach Unterstützung und dem Wunsch nach Erlaubnis (Zustimmung) besteht jedoch darin, dass ihr mit der Erlaubnis jemanden bittet, euch grünes Licht zu geben, das zu tun oder zu sein, wofür ihr glaubt, dass ihr eine Erlaubnis braucht. Dies führt zu einem schwierigen Dilemma, da die Notwendigkeit einer Erlaubnis euch vollständig von dem Feedback abhängig macht, das ihr von dem erhaltet, dem ihr die Rolle der Autoritätsperson übertragen habt. Diese Person ist aber oft in Wahrheit keine natürliche Autoritätsperson und spielt sich nur so auf. Ihr sucht möglicherweise die Zustimmung von Menschen, die diese Rolle mit ihren eigenen Zwängen und Programmierungen nicht verdienen, einfach, weil ihr diesen Spiegel braucht. Manchmal braucht es nur eine Person, um eure Entwicklung zu bestätigen, und das ist alles, was an Reflexion nötig ist, um euch zu helfen, eure eigene Kraft zu erschließen. Es ist ein kleines Wunder, wenn jemand kommt und euch die Ermutigung und Akzeptanz zeigt, die ihr euch wünscht. Aber was passiert, wenn ihr diesen Bedarf nicht decken könnt, diese Zustimmung nicht findet oder ihr eurem derzeitigen Unterstützungssystem entwachsen seid? Es ist dieses unbekannte Territorium, der leere Raum zwischen dem Ziel der Prüfung und der Erfüllung auf seelischer Ebene, vor dem ihr euch am meisten fürchtet. Auf eurem Lebensweg erhaltet ihr aber vorwiegend irgendeine Form von Unterstützung in Zeiten, in denen es ohnehin jeden gut geht. Eure größten Transformationen finden aber immer in Zeiten größter Unsicherheiten statt. Es hilft nicht, das Bitten um Erlaubnis als negativ zu betrachten, es ist auch nicht „per se“ gut oder schlecht. Es ist nur etwas, das euch hilft, bis es anfängt, euch zu behindern. Bis zu einem gewissen Punkt könnt ihr euer Wachstum nicht durch die Autorität eines anderen fortsetzen, denn irgendwann werdet ihr in Situationen gebracht, in denen euch die Erlaubnis bzw. Zustimmung verweigert wird. Was dann? Es wird Menschen geben, mit denen ihr auf eurem Weg interagiert, die gegensätzliche Rollen spielen. Es ist nicht so, dass ihr euch dessen bewusst seid, aber die archetypische Energie dieser „gegensätzlichen Personen“, die durch sie wirkt, habt ihr als Reaktion in eurer Evolution selbst herbei manifestiert. Reibung ist ein enormer Katalysator für Wachstum, und ein Teil davon, souverän zu werden, ist die Fähigkeit, euch von anderen falsch wahrnehmen zu lassen, ohne euch dadurch in eine existenzielle Krise zu stürzen. Menschen können ihr ganzes Leben lang unerfüllt durch den Verlauf ihrer Lebensentscheidungen verbringen, alles aufgrund von Ängsten in Bezug auf den Zugang zu ihrer eigenen Macht. Das bedeutet nicht, dass ihr eure Unsicherheiten kompensieren müsst, indem ihr euch vollständig in das Ego vertieft. Es bedeutet lediglich, dass ihr aufhört, Urteile zu vermeiden und euch bewusst werdet, wo ihr euch selbst Grenzen gesetzt habt. Verzeiht euch, dass ihr euch vom Urteil anderer zurückhalten lasst. Ihr Menschen der Erde seid in vielerlei Hinsicht von Natur aus einzigartig, aber einige Themen sind geradezu universell, und dieses ist eines davon, also macht es euch nicht unnötig schwer. In eurem Gesellschaftssystem wurde euch beigebracht, durch Urteilsvermögen, Angst vor Scham und Mangel an Tiefe miteinander in Beziehung zu treten. Ihr steht aber kurz davor, eine neue Art des Seins zu erlernen, und das beginnt damit, den Mut zu entwickeln, die Barrieren zwischen euch und allen Teilen eures Selbst niederzureißen, vor denen ihr zu viel Angst hattet, sie zu beanspruchen. Wenn ihr wirklich aufschlussreich sein wollt, könnt ihr euch nach innen wenden und sehen, warum euch die Menschen, die ihr auswählt, euch überhaupt ihre Zustimmung geben. Wenn ihr anderen auf einer bestimmten Ebene die Macht gebt, euch die Erlaubnis zu erteilen, warum nutzt ihr sie dann nicht als Gelegenheit, um herauszufinden, welche Bedürfnisse hinter dieser Tendenz kommuniziert werden? Eure Gründe müssen nicht niederträchtig hingestellt und dämonisiert werden, sondern nur besser verstanden und empathisiert werden. Wann immer ihr eure Unschuld infrage stellt, sollte dies eher mit Sanftheit als mit Verachtung geschehen. Ihr könnt die Selbsterforschung nutzen, um Selbsterkenntnis zu kultivieren, indem ihr versteht, was genau eure Bedürfnisse sind. Wenn ihr euch darüber im Klaren seid, was ihr braucht, um euch sicher genug zu fühlen, um zu wachsen, sprecht ihr die Bedürfnisse laut aus. Diese Methode hilft, Transparenz und Intimität mit eurem Schatten-Selbst zu entwickeln, indem jede Scham, die ihr haben könntet, neutralisiert wird. Die Magie dieser Praxis besteht darin, dass sich eure Bedürfnisse verändern, nur indem ihr sie besser kennenlernt und ihnen eure bedingungslose Präsenz gebt.

ꞵ Das Böse und das Gute in uns ꞵ

Merksam: Ein Glaube, der in vielen spirituellen Kreisen weit verbreitet zu sein scheint, ist, dass der Aufstieg der Menschheit eine Art Kampf zwischen den Mächten des Lichts und den Mächten der Dunkelheit beinhaltet, also einen Kampf zwischen Gut und Böse. Ich höre immer wieder, dass der Unterschied zwischen Licht und Dunkelheit nur eine Illusion ist. Stimmt dies?

Electra: Mit diesem Glauben ist die Idee verbunden, dass die sogenannten Erwachten und Erleuchteten, die Dunkelheit besiegen müssen, um erfolgreich eine neue Erde mitzuerschaffen. Wenn ihr bisher nicht in diese „Wir-gegen-Sie"-Denkweise hineingezogen wurdet, seid ihr ohne sie wahrscheinlich besser dran. Für diejenigen, die in diesen Polarität-Glauben hineingezogen wurden, biete ich demütig meine Perspektive zu diesem Thema zur Überlegung an. Von einem oberflächlichen Standpunkt aus ist an diesem Glauben sicherlich etwas Wahres. Es gibt sicherlich einen andauernden Kampf zwischen Licht und Dunkelheit auf der Erde. Aber wenn du genauer nachforschst, wirst du feststellen, dass diese Idee einen großen Trugschluss enthält. Und schlimmer noch, wenn man an diesem Glauben festhält, kann man tatsächlich daran gehindert werden, aufzusteigen oder zur Miterschaffung des neuen goldenen Zeitalters positiv beizutragen. Wenn ihr in eine Trennungsrealität wie eure eigene eingetaucht seid, ist es sehr einfach, in die Falle zu tappen, zu glauben, dass ihr euch in einem Kampf zwischen Gut und Böse befindet, dass die des Lichts hier sind, um die der Dunkelheit zu besiegen und die Welt zu retten. Natürlich kann dieser Glaube nur in einem Bewusstsein entstehen, das noch von der Illusion der Trennung erfasst ist. Und ironischerweise kann das Festhalten an diesem Glauben nur die disharmonischen und ängstlichen Bedingungen aufrechterhalten, die ihr bisher in eurer Realität miterschaffen habt. Um den Irrtum von Licht und Dunkelheit zu verstehen und zu überwinden, müsst ihr zuerst die Illusion der Trennung verstehen, die eure Realität erzeugt, und warum ihr euch entschieden habt, eine solche Realität zu erschaffen und zu erfahren. Aber bevor ich das alles erkläre, analysieren wir kurz einmal den wahren Zustand eurer Welt. Es ist nicht zu leugnen, dass es mehr als nur ein bisschen Dunkelheit in eurer Welt gibt, dies ist leider eine Tatsache. Angst, Konflikte und Leiden sind weit verbreitet, seitdem ihr denken könnt. Es scheint, dass das Böse lebendig und wohlauf ist. Zumindest könnte man diesen Eindruck gewinnen, wenn man sich eure Nachrichten anschaut, deren Hauptzweck es zu sein scheint, Angst zu säen. Aber sicherlich gibt es keinen Mangel an Seelen, die in unterschiedlichem Maße in vielen ihrer Leben innerhalb des Erdspiels im Dunkeln gespielt haben. Einige der berüchtigtsten dieser Dunkelmächte sind diejenigen, die in die sogenannten Kabalen/Illuminaten verwickelt sind. Aber es gibt viele andere in einer Vielzahl von Positionen in eurer Gesellschaft, die ebenso den Mächten der Dunkelheit dienen und dazu gehören viele Unternehmens-, Regierungs-, Militär- und sogar religiöse Führer. Diese extrem eigennützigen Menschen scheinen ihren Selbstwert daran zu messen, wie viel Reichtum sie anhäufen, indem sie andere Menschen ausbeuten und wie viel Macht sie über andere haben können. Sie sind typischerweise besessen von ihrer eigenen Leistung und Macht und haben wenig Rücksicht auf das Wohlergehen anderer. Die engagiertesten dieser „Leute" haben rücksichtslos ihre Macht und ihren Reichtum konsolidiert, indem sie das internationale Banken- und Finanzsystem beherrschen, indem sie globale Unternehmensimperien schufen und eure Regierungen mit ihren dunklen Schergen und Spießgesellen infiltrierten. Die Ermutigung zur Spaltung unter euch ist eines ihrer wirksamsten Werkzeuge, das ihre eigennützigen Pläne erleichtert. Sie halten euch gespalten und getrennt, indem sie Angst, Konkurrenz und Konflikte unter euch fördern. Aber es gibt zum Glück ein großes Erwachen in der gesamten Menschheit, das sich immer mehr ausbreitet. Immer mehr Menschen erwachen zu ihrer wahren spirituellen Natur, der größeren spirituellen Realität und der metaphysischen Natur der Existenz. Sie beginnen, die üblen Spiele der Dunkelmächte zu durchschauen und das erschwert natürlich deren übles Spiel. Es ist dieses Erwachen, das unweigerlich zu einer großen Transformation von euch selbst und eurer Welt führen wird. Als Teil dieses Erwachensprozesses werden sich immer mehr Menschen bewusst, dass die Menschheit unter der Kontrolle einiger sehr negativer und eigennütziger Menschen steht, die auf ihre eigene Selbsterhöhung und Weltherrschaft aus sind. Viele erwachende Seelen sind schockiert, wenn sie die Wahrheit erkennen, wenn sie erkennen, dass ihr euch all die Jahre von diesen Dunkelmächten unwissentlich manipulieren und unterwerfen ließt. Einige sind so entsetzt über die beunruhigenden Enthüllungen von Lügen, Gier, Manipulation und Kontrolle, dass sie in das Urteil, die Schuld und die Verurteilung derjenigen hineingezogen werden, die als verantwortlich angesehen werden. Einige bleiben sogar stecken und konzentrieren sich zwanghaft auf die Ungerechtigkeit, ein sehr unproduktiver Zustand des Verstandes, den wir Plejadier das Erwachens-Schock-Syndrom nennen. Angesichts des Schocks dieser Erkenntnis ist es kein Wunder, dass viele Menschen glauben, dass ein Teil eures Aufstiegsprozesses einen Kampf zwischen Gut und Böse und die Niederlage der Dunklen beinhaltet. Aber ich sage dies nicht, um mich über den Zustand eurer Welt zu beschweren oder um Menschen zu ermutigen, sich als Opfer zu fühlen, oder um Groll, Urteil, Schuldzuweisung und Verurteilung zu schüren. Ich sage dies, um darauf hinzuweisen, dass die angeblich spirituelle Idee von „Licht gegen Dunkelheit" und die „Wir gegen Sie"-Mentalität, auch eine subtile, aber heimtückische Falle sein kann. Eine

Falle, derer man sich unbedingt bewusst werden muss, weil sie euch möglicherweise daran hindern kann, aufzusteigen, um eine neue und bessere Erde mitzuerschaffen. Vergesst niemals, Widerstand erzeugt Reibung und verursacht noch mehr Schmerz. Die beste Methode ist in Wahrheit, diese üblen Machenschaften zu ignorieren und einfach nicht mehr mitzuspielen. Dann werden die Dunkelmächte ganz von selbst verschwinden. Werdet Selbstversorger und kauft nicht mehr ihre Produkte, soweit dies nur geht. Nehmt nicht mehr ihre chemikalischen „Medikamente", die abhängig machen und wegen der Nebenwirkungen umso mehr Schaden als Nutzen verursachen. Baut eure eigenen Pflanzen an und werdet Selbstversorger. Organisiert euch in kleinen Kommunen und betreibt Tauschhandel usw. Mit einem Wort, macht euch unabhängig von den Dunkelmächten, dann verschwinden sie von selbst. Entzieht ihnen ihre negative Energiebasis, in dem ihr an Positives denkt und Positives manifestiert. Es benötigt dazu keinen Kampf, nur Selbstbestimmung, freier Wille und positives Denken. Es ist wichtig zu verstehen, dass die Begriffe „hell" und „dunkel" einfach Metaphern für den Grad der Verbundenheit und Ausrichtung sind, den man mit seinem höheren Selbst hat. Wenn man mit den höheren Ebenen seines Bewusstseins gut verbunden und ausgerichtet ist, drückt man zunehmend eine Seinsweise aus, die den Daseinszustand seines höheren Selbst widerspiegelt. Diese Art des Seins ist gekennzeichnet durch bedingungslose Liebe, Mitgefühl, Vergebung, Akzeptanz, Erlaubnis, Furchtlosigkeit, Positivität und Dienst am Nächsten, um nur einige zu nennen. Je mehr du diese Qualitäten zum Ausdruck bringst, desto mehr könnte man sagen, dass du die Dunkelheit verdrängst und das Licht deines höheren Selbst in diese Welt strahlen lässt. In gleicher Weise ist der Begriff „Dunkelheit“ einfach eine Metapher für den Mangel an Verbindung und Ausrichtung mit dem höheren Selbst. Wenn man schlecht mit seinem höheren Selbst verbunden ist und falsch ausgerichtet ist, wird die eigene Art zu sein, in Richtung Negativität, Angst, Eigennutz und vielleicht sogar Machtgier über andere abdriften. Wie weit man in diese Richtung gehen wird, hängt nur vom Grad der Fehlausrichtung mit seinem höheren Selbst und seinen einzigartigen Erfahrungen ab. Je mehr man diese Art des Seins ausdrückt, desto mehr könnte man sagen, dass man sich in „Dunkelheit“ befindet oder den Dunkelmächten unbewusst hilft oder, wenn man es überdramatisieren will, „auf die dunkle Seite übergegangen“ ist. Es ist wichtig zu verstehen, dass es keine Macht der Dunkelheit gibt. Dunkelheit existiert nicht alleine. Es ist kein Ding für sich. Dunkelheit ist einfach der Mangel an Licht. Alles, was wirklich existiert, ist das Licht deines höheren Selbst bzw. des kollektiven galaktischen Bewusstseins. Wenn man eine Lichtquelle blockiert, erzeugt sie einen Schatten, einen Bereich, in dem das Licht viel schwächer ist. Wenn du das „Licht“ deines höheren Selbst blockierst, erschaffst du Dunkelheit. Es gibt also keine wirkliche Macht der Dunkelheit, keine Macht des Bösen. Es gibt nichts, was euch dazu drängt, negativ und eigennützig zu werden, außer eurem eigenen Unterbewusstsein, also eurer eigenen Trennung von eurem höheren Selbst. Niedriger schwingende Wesen des Universums erschaffen ihre eigene Dunkelheit, indem sie unwissentlich die Liebe, das Licht und die Weisheit ihres höheren Selbst blockieren. Sie schaffen somit ihre Dunkelheit und die Dunkelheit in ihrer Welt ganz von selbst! Letztendlich ist es nichts anderes als die „Illusion der Trennung", die einen dazu bringt, den negativen Weg zu gehen oder sich der dunklen Seite zuzuwenden. Mit dieser Erkenntnis löst sich deine Opferidentität auf und deine wahre Macht kommt zum Vorschein. Anstatt der Dunkelheit die Schuld zu geben, bringst du das Licht herein. Euer wahres, euer höheres Selbst, das ihr sucht, ist die Liebe und das Licht. Ihr selbst blockiert die Liebe und das Licht eures höheren Selbst und erschafft die Dunkelheit in euch und eurer Welt. Eure wahre Aufgabe ist es daher nicht, nach Liebe zu suchen, sondern lediglich alle Barrieren in sich selbst zu suchen und zu finden, die ihr dagegen aufgebaut habt. Und die beiden wichtigsten Hindernisse, um die Liebe und das Licht eures höheren Selbst auszudrücken, sind zweifellos eure Angst und euer Ego. Dies sind die signifikanten Hindernisse. Aber natürlich gibt es eine Vielzahl von Variationen. Aber lasst uns Angst und Ego nicht vollkommen verteufeln, denn es sind nur natürliche Folgen des Eintauchens in die Erfahrung eines getrennten Realitätskonstrukts wie dem euren. Wie ich bereits angedeutet habe, muss man, um den Trugschluss der „hell gegen dunkel"-Idee zu verstehen, die Illusion der Trennung verstehen, die euch eure Realität bietet. Ihr habt euer Realitätskonstrukt speziell geschaffen, um eine Trennungserfahrung zu haben, und es erzeugt tatsächlich eine sehr starke Illusion der Trennung. Und natürlich war dies kein Zufall oder gar ein Fehler. Ihr selbst, eure höheren Aspekte, eure Überseelen sozusagen, haben vor eurer Inkarnation diese Realität absichtlich als die ultimative Erfahrung von Individualität, Trennung und Begrenzung entworfen, damit ihr schnell und effektiv lernen könnt. Je größer das Leid, desto schneller der Lerneffekt. Durch größeres Leid wächst man schneller und erspart sich dadurch die eine oder andere Inkarnation. Die Erde ist sozusagen ein Hardcore Schnell-Lehrgang für besonders „abgebrühte" Seelen, die es auf die harte Tour bevorzugen, um dies einmal humorös auszudrücken. Es ginge ja auch anders, ihr hättet vor eurer Inkarnation ein gemächlicheres Leben auf einem „entspannteren" Planeten wählen können, nur dies dauert halt Äonen. Auf der Erde, am ultimativen Gefängnisplaneten der Galaxis, verschrien über Gigaparsecs entfernter Galaxien hinaus, als jener dunkler Planet des ultimativ Bösen des Universums, lernt man es halt am allerschnellsten. Das weiß man überall im Universum. Deswegen kommen euch auch so viele Raumschiffe verschiedenster Zivilisationen besuchen, die euch aus weiter Ferne bestaunen, wie in einem Zoo. Doch Gott bewahre, bloß keinen Kontakt mit den besonders gefährlichen und aggressiven Einwohner haben wollen. Ihr habt also sehr gut verstanden, worauf ihr euch eingelassen habt, als ihr hier inkarniert seid und als ihr entschieden habt, in das Trennungsspiel der Erde einzutauchen. Ihr wolltet die Möglichkeiten und Erfahrungen erforschen, die euch eine solche Trennungsrealität bieten würde. Ihr wolltet die Bewusstseinszustände und die darin entstehenden Seinsweisen und all ihre Verzweigungen erforschen. Ihr wolltet sehen, wie das wäre und was es euch beibringen könnte. Ihr alle spielt das Trennungsspiel schon seit geraumer Zeit, ihr habt alle viele, viele Runden in diesem Spiel gespielt. Jedes Mal, wenn ihr das Spiel betretet, also ihr auf der Erde inkarniert, tritt der Schleier des Vergessens und Unwissens in Kraft, und ihr vergesst alles, bevor ihr das Spiel erneut beginnt. Ihr vergesst eure wahren Gründe für das Spielen, ihr vergesst eure Lern- und Wachstumsziele, um die aktuelle Runde zu spielen, und ihr vergesst alles über die breitere Realität und die wahre Natur von euch selbst. Mit der aufdringlichen, höchst überzeugenden Erfahrung der Trennung, die eure Realität eurem Bewusstsein präsentiert, ist es nicht verwunderlich, dass ihr schnell in das „Drama" des Spiels hineingezogen werdet. Dies passiert, weil ihr euch nicht daran erinnert, dass ihr ewiges Bewusstsein seid, ihr seid ein Bewusstsein, dass eine körperliche Erfahrung macht und nicht umgekehrt. Ihr habt vergessen, wie schnell und stark ihr euch mit euren nur für kurze Zeit geleihten Körpern identifiziert. Und da ihr euch an nichts über die größere Realität, das größere Bild erinnern könnt, glaubt ihr schnell, dass die Welt, die ihr mit euren physischen Sinnen wahrnehmt, alles ist, was es gibt. Und Schritt für Schritt werdet ihr immer tiefer in das Drama des Spiels und immer tiefer in das Trennungsbewusstsein hineingezogen. Leider verlieren sich die meisten Seelen völlig in diesem Spiel und müssen so lange wieder reinkarnieren, bis sie es endlich kapiert haben. Und sobald sie dann in das Drama des Spiels eingetaucht und davon hypnotisiert sind, verlieren sie schnell ihre Verbindung zu ihrem höheren Selbst. Natürlich findet da auch ein Lernprozess statt und das Bewusstsein entwickelt sich im Wesentlichen weiter. Aber nicht wirklich so viel, um einen Zustand zu erreichen, der in keinem anderen Erfahrungskontext möglich wäre, ein Bewusstseinszustand, der nur innerhalb einer Trennungsrealität wie eurer eigenen möglich ist. Dies ist ein interessanter und einzigartiger Zustand, den man Trennungsbewusstsein nennt. Und dieser Bewusstseinszustand hat zwei Hauptaspekte: nämlich Ego-Bewusstsein und Opfer-Bewusstsein. Ego-Bewusstsein ist ein Zustand, der durch ein sehr starkes Identitäts- und Individualitätsgefühl gekennzeichnet ist, ein Zustand, der sich oft als Egozentrik, Selbstsucht, Gier, Abwehrhaltung und so weiter ausdrückt. Dieser Zustand ist typisch für eure jetzige Zeitepoche auf der Erde. Opfer-Bewusstsein ist ein Zustand, der durch den Glauben gekennzeichnet ist, dass man den Umständen, die sich seiner Kontrolle entziehen, weitgehend ausgeliefert ist, und sich oft in Angst, Hoffnungslosigkeit, Machtlosigkeit usw. ausdrückt. Und weil der Zustand eurer Welt einfach ein Spiegelbild eures kollektiven Zustands von Bewusstsein ist, ist eure Welt geprägt von zu viel Angst, Gier, Konkurrenzdenken und Konflikten. Beachte aber, dass der gemeinsame Nenner hier die Angst ist. Natürlich ist Angst keine unvernünftige Reaktion auf das, was euch eure Realität manchmal präsentiert. Schließlich gibt es viele offensichtliche Gefahren und Einschränkungen, über die ihr euch Sorgen machen müsst, wenn ihr euch dafür entscheidet. Da Angst ganz natürlich in einer Trennungsrealität wie eurer eigenen entsteht, braucht ihr sie nicht zu verteufeln, ihr müsst sie nur verstehen. Und hier ist eines der wichtigsten Dinge, die man über Angst verstehen muss. Angst ist der Faktor Nummer eins, der euch daran hindert, die Liebe und das Mitgefühl eures höheren Selbst auszudrücken. Letztendlich werden viele der verletzenden, negativen, eigennützigen Dinge, die Menschen tun, von ihrer Angst getrieben. Angst, dass sie nicht gut genug oder würdig sind, Angst, dass sie nicht genug haben werden, Angst, dass sie nicht sicher sind, Angst um ihr Überleben, usw. Angst ist aber der direkte Weg zur negativen Seite, also zur Dunkelheit. Die Wurzel aller Dunkelheit in eurer Welt ist also die Angst. Solange ihr dies nicht zutiefst versteht, werdet ihr es schwierig finden, denen, die immer noch im Dunkeln agieren, bedingungslos zu vergeben und sie zu lieben. Und bis ihr das tut, werdet ihr in Verurteilung gefangen sein und unabsichtlich die Welt, wie ihr sie kennt, aufrechterhalten. Eine Welt voller Konflikte, Schmerzen und Leiden. Nur bedingungslose Liebe kann eure Welt heilen. Dunkelheit ist eine Illusion. Dunkelheit ist die Abwesenheit von Licht und diese Abwesenheit von Licht kommt durch Bewusstlosigkeit. Und diese Bewusstlosigkeit wird als Angst erlebt. Angst ist das, was Licht verbirgt. Wenn du verstehst, dass Angst die Wurzel aller Übel in eurer Welt ist, kannst du sie überwinden. Und die Angst zu überwinden und zur

Liebe überzugehen, ist eine der größten Herausforderungen, die das Trennungsspiel zu bieten hat. Etwas, von dem alle Seelen in diesem kosmischen Spiel gehofft haben, dass sie es als Teil des großen Erwachens- und Transformationsspielplans erreichen könnten. Aber es ist wichtig zu verstehen, dass Angst kein Fehler ist. Ihr wolltet Trennung erleben und Angst ist dabei ein natürlicher Teil davon. Das Erleben von Angst ist etwas, das in eurem ursprünglichen Zustand als reines Bewusstsein unmöglich ist. Was gibt es als formloser und nicht-physischer Anteil des galaktischen Bewusstseins zu fürchten? Nichts! Das, was du wirklich bist, als reines Bewusstsein, hat keine körperlichen Bedürfnisse. Keine Schmerzen, keine Gebrechen, keinen Hunger, keinen Durst, kein Bedürfnis nach Geld, kein Bedürfnis nach einem Job, kein Bedürfnis nach Nahrung, kein Bedürfnis nach irgendetwas! Daher auch keine Angst! Wenn du verstehst, dass du in Wahrheit eine nicht physische Präsenz bist, wirst du deine Angst verlieren. Du bist reines Bewusstsein! Und dieses Bewusstsein, das du bist, hat lediglich die Erfahrung, einen Körper zu haben und für ein paar Jahre auf einem Planeten zu sein. Dein Bewusstsein träumt im Wesentlichen diese Erfahrung, die du deine Realität nennst. Oder, um vielleicht eine bessere Analogie zu wählen, dein Bewusstsein spielt eine Figur. Ihr würdet es vielleicht Avatar nennen, in so etwas wie einem Multiplayer-Virtual-Reality-Spiel. Diese Erfahrung, die du deine Realität nennst und die so konkret und ernst erscheint, ist eine reine Wahrnehmungserfahrung, die in deinem Bewusstsein

reines BS

stattfindet. Es ist eine symbolische Darstellung, die auf die Leinwand deines Bewusstseins projiziert wird. Und das bedeutet, dass du nicht alles, was im Spiel passiert, so ernst nehmen musst oder vor allem Angst haben musst. Nichts davon kann wirklich deinem Bewusstsein schaden. Wenn du diese Runde des Spiels abgeschlossen hast, wirst du sehr überrascht und amüsiert sein, wie ernst du alles genommen hast.

ꝏ Täter und Opfer ꝏ

Merksam: Habe ich im Leben eigentlich die Wahl zwischen Gut und Böse oder ist dies vorherbestimmt?

Electra: Eines der interessantesten Dinge, die innerhalb einer Trennungsrealität passieren, ist, dass das Bewusstsein in zwei deutlich unterschiedliche Richtungen geht. Manchmal wird dies als der „negative Pfad" und der „positive Pfad" bezeichnet oder der „Dienst-am-Selbst-Pfad" und der „Dienst-für-Andere-Pfad", oder auch der „Pfad der Dunkelheit" und der „Pfad des Lichts". Der negative Pfad ist gekennzeichnet durch eine Lebensweise, die entschieden eigennützig ist und gerne Macht über andere ausübt, damit andere dazu gebracht werden können, deinen Wünschen und Bedürfnissen zu dienen. Diese Menschen haben eine starke Tendenz, ihre eigenen Bedürfnisse auf Kosten anderer zu erfüllen. Einige der Eigenschaften, die mit dieser Art des Seins verbunden sind, umfassen eine Tendenz zu Täuschung, Manipulation und Gier. Der positive Pfad hingegen, zeichnet sich durch den

Wunsch aus, anderen zu helfen und sich an der Zusammenarbeit zum Wohle aller zu beteiligen. Diejenigen auf diesem Weg neigen zu Ehrlichkeit, Kooperation und Großzügigkeit. Es gibt also tatsächlich zwei Arten von Spielern in diesem kosmischen Spiel auf der Erde. Diejenigen, die voreingenommen sind, nur sich selbst zu helfen, ohne Rücksicht auf das größere Wohl aller, und diejenigen, die voreingenommen sind, anderen zu helfen und für das größere Wohl aller zusammenzuarbeiten. In jedem Fall entsteht zwischen diesen beiden Menschentypen eine komplexe Dynamik, die eine ganze Menge Dramatik und eine große Anzahl Möglichkeiten zum Lernen und Wachsen schafft. Es gibt dabei Täter, Opfer und auch Retter und es gibt dabei Unterwerfer und Unterjochte usw. Und sie alle vollführen in diesem „Spiel" gemeinsam einen komplexen Tanz, während sie alle Verzweigungen des Trennungsbewusstseins durchspielen. Nochmals, dies ist kein Fehler, dies ist volle Absicht. Ihr solltet alle Bewusstseinszustände und die Seinsweisen erforschen, die innerhalb einer Trennungsrealität entstehen. Die zwei Richtungen oder Pfade, die das Bewusstsein gehen kann, sind ein Teil davon. Tatsächlich erlauben einige der Spielregeln, dass beide Wege erkundet und ihre Auswirkungen erfahren werden können. Abgesehen davon wirst du wahrscheinlich froh sein zu hören, dass die Regeln auf den positiven Pfad ausgerichtet sind, nicht auf den negativen Pfad. Du kannst auf dem Dienst am negativen Pfad nur so weit gehen, bevor es fast unmöglich wird, weiterzumachen und du endlich „das Licht siehst" und auf den positiven Pfad umschaltest. Letztendlich ist der negative Pfad des Dienstes am Selbst und der Macht über andere eine Sackgasse. Das Trennungsspiel ähnelt einem Computerspiel, während du ein Level meisterst und danach zum nächsten Level aufsteigst. Nach den ersten paar Levels des Spiels erkennt jeder, der den negativen Pfad erkundet, schließlich sein „Einssein" mit allen und die Ineffektivität seiner Herangehensweise und Bekehrten. Liebe, Teilen und Zusammenarbeit funktionieren besser, so einfach ist das im Universum, und das ist alles ein Teil der großen Lektion des Realitätssystems. Natürlich haben die Level dieses „Spiels" viel mehr zu bieten, als nur die negativen oder positiven Pfade zu erkunden. Eine Seele erreicht das nächste „Level" des Spiels erst, wenn sie die Kernlektionen und das Verständnis gemeistert hat, die jedes „Level" lehren soll. Und obwohl man sich im jetzigen Moment nicht an all diese Lebenserfahrungen erinnern kann (aufgrund des Schleiers des Vergessens der Reinkarnation), versichere ich, dass jeder von uns in unterschiedlichem Maße mehr im Dunkeln gespielt hat, als wir dies ahnen. Und das betrifft natürlich nicht nur Menschen der Erde, sondern auch Wesen unzähliger anderer bewohnter Planeten im Universum. Wenn man die Akasha-Chronik, also die Aufzeichnung aller Erfahrungen, überprüft und all seine Leben Revue passieren lässt, wäre man wahrscheinlich sehr überrascht, oder vielleicht sogar schockiert, was man alles in Vorleben getan hat, wer man gewesen ist und was man alles erlebt hat. Du warst das Licht und die Dunkelheit. Wir alle waren die Erleuchteten, aber auch die nicht Erwachten. Du warst

der Täter und das Opfer. Du warst der Guten, aber auch der Böse, der Hässliche und der Wunderschöne. Also, bevor du diejenigen, die immer noch im Dunkeln spielen, beurteilst und verurteilst, denke bitte darüber nach. Wir alle sind Quellbewusstsein, das in diesem Trennungsspiel mit sich selbst sowohl im Licht, als auch im Schatten tanzt.
Innerhalb dieses Tanzes entfalten sich viele Dramen und viele erstaunliche Abenteuer werden erlebt, und sie alle waren unglaublich prägend für unser Bewusstsein. Viel Wissen und Weisheit wurde aus unseren Erfahrungen innerhalb dieses Realitätskonstrukts gesammelt, es ist eine der großartigsten Kreationen. Eine Sache, die sehr wichtig zu verstehen ist, ist, dass sich Negativität und Dunkelheit in unserem Daseinszustand nur innerhalb der Erfahrung von Trennungsrealitäten wie unserer eigenen manifestieren. Sie existieren nirgendwo anders, das können sie auch nicht, weil sie ein Produkt der Erfahrung der Trennungsrealität selbst sind. Ego- und Opferbewusstsein und alles, was dazu führt, ist einfach ein Ergebnis des Trennungskontextes, den wir uns selbst auferlegt haben, und all der Einschränkungen, die damit verbunden sind. Nur wenn wir in das Trennungsspiel eintauchen und den Schleier des Vergessens und Nichtwissens über unser Bewusstsein ziehen, kann dieses Bewusstsein in die Richtungen gehen, die es innerhalb des Spiels einschlägt. Das ist genau das, wohin das Bewusstsein geht und wie es sich ausdrückt, wenn es die Verbindung zu seinem höheren Selbst verliert. Nur innerhalb der Illusion der Trennung, die unser Konstrukt der Trennungsrealität so effektiv hervorbringt,

kann „Dunkelheit“ existieren. Anders ist es unmöglich. Wir spielen das Trennungsspiel schon sehr lange und wir haben viele Dinge gelernt. Viel Wissen und Weisheit wurde aus unseren Abenteuern in diesem Spiel gesammelt. Aber wir haben nach unzähligen Reinkarnationen so ziemlich alles gesehen, was das Spiel zu bieten hat, und die große Frage ist: „Haben wir irgendwann genug? Ist es an der Zeit, dieses Spiel zu beenden und zu etwas anderem überzugehen?“ Irgendwann hat man einen Punkt erlangt, an dem es keinen Grund mehr gibt weiterzumachen, es sei denn, es gäbe etwas Neues zu lernen. Was wäre, wenn wir alle im Spiel erwachen könnten? Was wäre, wenn wir uns alle an unsere wahre Natur und die größere Realität erinnern könnten, während wir das Spiel spielen? Was wäre, wenn wir das Trennungsbewusstsein transzendieren könnten, während wir in die Erfahrung dieser Trennungsrealität eingetaucht sind! Ein wesentlicher Teil des Plans für jede erwachende Seele ist es, anderen beim Erwachen zu helfen, indem sie ihr neu entdecktes Verständnis der größeren Realität und des größeren Selbst offen zum Ausdruck bringen und als lebendiges Beispiel für eine höhere Seinsweise fungieren, die andere modellieren können. Wir kamen hierher, um zu erwachen und dann das Licht unseres höheren Selbst in die Welt zu strahlen.

ⲕ Das Potenzial ⲕ

Merksam: Hat wirklich jeder Mensch das Potenzial, sich mit universeller Energie auszurichten und somit zu erwachen und aufzusteigen?

Electra: Ja, absolut. Doch manche wählen eben zuerst einen anderen Weg. Z. B. den Weg der Dunkelheit. Jeder Mensch hat das Potenzial, sich mit einer unendlichen Quelle universeller Energie auszurichten. Ob ihr euch dafür entscheidet, es anzuerkennen und auszudrücken, liegt ganz bei euch. Einige nutzen ihre Macht selbstsüchtig, um ihr Überleben zu sichern und ihr unersättliches Verlangen zu befriedigen. Nur wenige bringen ihre Gnade zum Ausdruck, um im Dienst an anderen etwas zu bewirken. Die meisten haben diese Gelegenheit aber schon lange aufgegeben, weil sie denken, dass es ihre Anstrengung darauf einfach nicht rechtfertigt. Eure ruhende persönliche Kraft kultiviert die Saat eurer Apathie, eures Zynismus, eurer Verleugnung und Resignation. Die große Illusion ist, dass ihr alle voneinander getrennt seid. Doch die größere Täuschung ist, dass ihr euch von euch selbst entfremdet. Euer Selbst zu kennen, auszudrücken und zu sein, ist in eurer heutigen Gesellschaft zu einem gefährlichen Unterfangen geworden. Ein Unterfangen, das oft mit Konflikten, Gleichgültigkeit und Feindseligkeit begrüßt wird. Ihr werdet euch eurer Abhängigkeit von der sozialen Realität bewusst, wenn ihr aufwacht. Jenseits eurer Sinne und Wahrnehmungen gibt es authentische Erfahrungen, die euer Leben von der Routine zu etwas Außergewöhnlichem verwandeln. So herausfordernd es auch erscheinen mag, dieses Außergewöhnliche zu manifestieren, bietet sich euch fast jeden Moment. Fast immer bietet sich eine Gelegenheit, das Alltägliche zu transzendieren und alles zu werden, was möglich ist. Physische, mentale und emotionale Bindung fesselt euch an eure persönliche lebenslange Haftstrafe: Eure Egos, Ängste und Unsicherheiten. Und euer Stolz ermöglicht euer Eintauchen in einen Bereich der Existenz, der von den meisten gelebt, aber von den wenigsten verehrt wird. Eure familiäre und soziale Programmierung etabliert eure festen Meinungen, angeregt durch Bildung, Politik und Religion. Ihr seid zu einem gemeinsamen Schicksal verurteilt, das von unzähligen Generationen ertragen wird. Es fühlt sich an, als ob das Gewicht der Welt auf euch lastet, weil es das ist, was ihr glaubt. Eure Erfahrungen und Wahrnehmungen sind sozial so gestaltet, dass sie euch unter der Bedrohung durch eure eigene Angst ablenken, einschüchtern und überwältigen. Es ist nicht die anfängliche Angst, die ihr erlebt, die euch am meisten beeinflusst. Es ist die Angst und der Kummer, die davor und danach kommen. Der Moment lähmt euch selten. Es ist eure natürliche Tendenz, eure Angst in epischen Ausmaßen zu verstärken und zu übertreiben. Wenn ihr die Macht besitzt, euch selbst in antiquierte soziale Verpflichtungen und Verantwortlichkeiten einzuschüchtern, dann könnt ihr die gleiche Energie anwenden, um eure Erfahrung zu verändern und euer Leben zu stärken. Es ist einfach eine Wahl, entweder eurer Angst zu erlauben, euch zu entmutigen, oder aber eurer Liebe zu erlauben, euch zu inspirieren. Die Qualität eures Fokus, eurer Absicht und eures Zwecks ist, wie ihr eure persönliche Kraft manifestiert. Weisheit findet man nicht im Licht. Eure dunkelsten Begegnungen bieten die stärksten Gelegenheiten, sich weiterzuentwickeln, voranzukommen und sich zu verändern. Es braucht einen Exodus aus der Realität, der Vernunft, dem Sinn und dem Verständnis, um Einsichten zu enthüllen, die jenseits eurer zeitgenössischen Vision existieren. Gegenwärtig zu werden für etwas, das sich von dem, was war und ist, erfordert, dass ihr alles loslasst, was euch nicht mehr dient, und so ein Feld der Möglichkeiten für all das Wollen schafft. Nur wenn ihr in das mysteriöse Unbekannte eures Potenzials eintaucht, entwirrt ihr die Komplexität eurer selektiven Realität, um euer wahres Wesen zu offenbaren und zu verkörpern. Vergesst niemals: „Das Licht scheint am hellsten in der Dunkelheit." Eure Augen sind nicht eure eigenen. Soziale Reize konditionieren eure Standpunkte, um das Gesehene widerzuspiegeln, nicht wer ihr seid. Euer Leben ist eine Kaskade konstanter Medien, die um eure Aufmerksamkeit und Energie wetteifern. Wann immer euch etwas Traumatisches passiert, übernehmt oder erfindet ihr defensiv Wahrnehmungsschirme, durch die ihr Menschen und Erfahrungen seht. Ihr wendet instinktiv so viele Filter an, dass ihr die Realität und die Gesellschaft nicht mehr so sieht, wie sie ist, sondern nur noch so, wie ihr glaubt, dass sie sein sollte. Einsichten und Visionen sind letztendlich schwer fassbar, weil ihr versucht, sie durch ein Kaleidoskop der Illusion zu verwirklichen. Was wahr ist, ist sowohl persönlich als auch subjektiv. Es ist ein einzigartiger Weg, der einsame Bereicherung, Erleuchtung und Erfüllung bietet. All dies wird durch eure eigenen Handlungen, Gedanken, Gefühle, Intuition und Universalität erfahren. Keine zwei Wahrheiten sind gleich. Die soziale Realität wird euch immer dazu verleiten, die Überzeugungen und Lebensweisen anderer zu übernehmen und anzuwenden. Eure Essenz entspringt, schreitet voran und transformiert eure einzigartige Evolution. Wer, wie und warum ihr seid, ist eine Manifestation eurer Entscheidungen und Erfahrungen. Eure Kreativität ist ein Ausdruck eurer Wahrheit. Eure Wahrheit zu leben ist, wie eure Seele eure Realität transformiert. Zu dem zu werden, was ihr sein solltet, ist die definitive Demonstration eurer Originalität. Es ist euer unverwechselbarer und entscheidender Beitrag zu eurem Leben und eurer Gesellschaft. Der Zweck eurer Seele ist es, eure Erfahrung zu transformieren. Welches Medium auch immer ihr wählt, es ist eure Bestimmung, ein Gefäß für das Universum zu sein. Bewusstsein ist die Energie der Schöpfung. Kreativ zu sein erlaubt euch, eure wahre Natur auszustrahlen. Bewusstsein ist die Essenz der Kreativität. Wenn ihr das Universum in die Realität manifestiert, helft ihr, das Bewusstsein der Menschheit zu heben. Die Energie des Bewusstseins ist die Seele der Schöpfung. Es ist das, was alles in jeder Dimension verbindet. Ohne sie gibt es wenig Verständnis zu euch selbst, anderen oder dem Universum. Kreativer Ausdruck, Evolution und Transformation sind die Grundlagen eures Seins. Diese Elemente befähigen euch, euer Schicksal jenseits eurer Vorstellungskraft zu erfüllen. Es ist nicht das, was ihr ins Universum bringt, was das Außergewöhnliche manifestiert. Es ist die Art und Weise, wie ihr dem Universum erlaubt, euch zu führen und zu inspirieren, was schließlich eure Erfahrung verändert. Wenn ihr im

Universum lebt und ihm vertraut, transzendiert euer Sein das Paradigma der sozialen Realität. Eure Existenz ist eine Schöpfung eures Seins. Es ist eine Synthese eurer Handlungen, Gedanken, Gefühle, Einsichten und Essenzen. Im Zentrum eurer Erfahrung zu stehen, ist eine Ausrichtung zwischen dem Universum und eurer Seele, Intuition, Herz, Geist und Körper. Diese Synergie entwickelt und transformiert euer Wesen. Wenn ihr zum Epizentrum eurer eigenen „Magie" werdet, seid ihr ein multidimensionaler Ausdruck von Energie. Euer Fokus, eure Absicht und euer Zweck erschaffen eure Erfahrung. Ihr beansprucht eure persönliche Macht mit euren Entscheidungen, Kreativität, Wahrheit und Vision. Die Möglichkeit, im Zentrum eures Seins zu existieren, gibt euch die Möglichkeit, so unendlich wie das Universum zu sein. Der Friede, der am wichtigsten ist, kommt dann in die Seelen der Menschen, wenn sie ihre Beziehung erkennen und ihr Einssein mit dem Universum und all seinen Kräften anerkennen. Wenn sie erkennen, dass im Zentrum des Universums die große Schöpferkraft wohnt und dass dessen Zentrum wirklich überall und in jedem von uns ist, ist das große Erwachen ganz vollbracht.

℧ Spirituelle Suche ℧

Merksam: Ist wahre Erleuchtung ein ganz weit entfernter, schwer zu erreichender Bewusstseinszustand?

Electra: Erleuchtung ist kein entfernter Bewusstseinszustand, den ihr irgendwann in eurer Zukunft erreichen müsst, sondern es ist das Herzstück eurer Natur, eurer wahren, inneren Natur. Leider haben sich die meisten von euch während eurer spirituellen Suche davon entfremdet, so sehr, dass ihr es sogar vergessen habt. Es ist jedoch ständig in eurem Leben präsent, aber ihr ignoriert es einfach. Eure Aufmerksamkeit wird immer von etwas in Anspruch genommen. Ablenkungen, Verpflichtungen usw., also macht ihr euch sehr selten die Mühe, in euch selbst zu schauen. Wenn ihr jedoch eure Aufmerksamkeit auf euch selbst konzentrieren könnt, reicht dieser kurze Moment des wachen Bewusstseins aus, um zu erkennen, dass das wache Bewusstsein, frei von Emotionen und Gedanken, eure wahre innere Natur ist. Im Zustand des wachen Bewusstseins halten Gedanken eure Aufmerksamkeit nicht länger gefangen und ihr könnt Stille erfahren. Ihr erlebt dann das Wesen der Wünsche, die ständige Variabilität der Formenwelt, wo nichts Bestand hat, alles dialektisch und veränderlich ist. Ihr seid dann in der Lage, seine Wünsche und Ambitionen aufzugeben. Ihr erwacht aus dem hypnotischen Bann eurer persönlichen Geschichte. Ihr glaubt nicht mehr an das, was ihr fest als eure eigene persönliche Geschichte angesehen habt. Diese Erfahrung kann euch dazu bringen, die Wahrheit dessen infrage zu stellen, was ihr in Verbindung mit euch selbst für wahr gehalten habt. Wenn ihr aus dem Schlaf der persönlichen Identität erwacht, erkennt ihr, dass ihr der freie Raum des Bewusstseins seid. Ihr seid nicht identisch mit den Formen, die in diesem Raum erscheinen, denn ihr seid der Raum selbst. Der Raum, der die Formen erscheinen lässt und der die Formen am Leben erhält. Eure innere Entwicklung hängt also nicht nur von eurer Lebenserfahrung ab, es hängt viel mehr von eurer Fähigkeit ab, eure Aufmerksamkeit von der Außenwelt auf eure Innenwelt zu lenken.

ʒ Wer bin ich wirklich? ʒ

Merksam: Können wir uns von den Mustern des Geistes abwenden, die von unserem Ego programmiert wurden? Und weshalb besteht so ein tiefer Wunsch, die wahre Antwort auf die Frage „Wer bin ich wirklich?" zu erfahren?

Electra: Echte Selbstbeherrschung entsteht in euch nicht aus Unterdrückung, sondern aus dem Erkennen und Verstehen des Sinns des Lebens. Diese Art der Selbstbeherrschung wird euer Bewusstsein aus dem Zustand der Identifikation mit der Welt der Formen und Gestalten befreien. Es wird einen Raum zwischen euch und den Funktionen des Geistes schaffen, und in diesem Raum wird die Fähigkeit des Sehens und Verstehens geboren. Ihr könnt die grundsätzliche Doppelnatur des Daseins erkennen. Dass das Glück im Unglück wurzelt, soll euch eure innere Freiheit befähigen, mit Freude ja zu sagen zu den Dingen, die euch widerfahren. Gegenwärtig ist das Programm eurer inneren Erwartungen bereits aufgelöst, und ihr identifiziert euch nicht mehr mit euren Erwartungen an die anderen Menschen. Ihr seid euch jetzt bewusst, dass euer Leiden tatsächlich eure Helfer sind, und ihr könnt den Prozess beschleunigen, durch den das Bewusstsein in dem Körper erwacht, den ihr fälschlicherweise für euren eigenen haltet. Ihr werdet bereitwillig alles und jeden annehmen, was der Moment euch bringt, sei es Freude oder Leid, denn ihr werdet euch vollkommen bewusst sein, dass all dies Teile desselben Spiels sind. Alles, was andere für euch erschaffen haben, ist vergänglich, aber was ihr für euch selbst erschafft, wird dauerhaft und ewig sein. Jeder muss selbst finden, wonach er sucht. Die Erleuchtung sind immer wir selbst!

∮ Die Kontrolle übernehmen ∮

Merksam: Wenn die meisten Menschen gefragt würden, ob sie ein bewusstes Leben führten, würden sie wahrscheinlich mit Ja antworten und sagen, ob dies nicht ohnehin selbstverständlich ist? Wie finde ich aber heraus, ob ich wirklich bewusst lebe und nicht einer Illusion nachjage?

Electra: Eure Gedanken sind energetisch lebendig, sie sind Donnerschläge unsichtbarer Aktionen und können, wenn sie nicht kontrolliert werden, Chaos in eurem Leben anrichten. Euch wird leider nicht beigebracht, dass euer Denken eure Realität erschafft, und wenn es nicht klappt, nennt ihr das dann Pech, oder sagt: „So ist das Leben nun mal! Dabei hat es in Wahrheit nichts mit Glück und Leben zu tun, sondern alles mit eurem Denken. Aber ihr kennt die metaphysischen Gesetze nicht, die diese Dynamiken regeln, also macht ihr weiter wie gewohnt und tut, was ihr immer tut, weil ihr daran gewöhnt seid. Ihr erkennt nicht, dass euer Leben eine Widerspiegelung eures gewohnheitsmäßigen Geisteszustandes ist. Wenn ihr euer Denken untersucht und anfangt, eure Gedanken zu beobachten, werdet ihr wahrscheinlich einen Schock erleben. Es ist ziemlich ernüchternd zu entdecken, wie viel von eurem flüchtigen Leben ihr damit verbringt, euch in der Vergangenheit festzusetzen, indem ihr euch mit Beschwerden und Gejammere aufhaltet, oder mit Tagträumen eure Zukunft verplempert. Die einzige Zeit, in der ihr wirklich am Leben seid, ist JETZT und die meisten von euch scheinen dieses „Jetzt" nicht sehr oft zu besuchen! Es ist nicht einfach, euer Leben von heute auf morgen zu ändern und aus eingefahrenen Denkmustern und Routinen auszubrechen. Ihr müsst aber im Jetzt die Kontrolle übernehmen und das Leben leben, das ihr wirklich wollt, und euch nicht in anderen Angelegenheiten einmischen oder euch von Anderen sagen lassen, was ihr tun oder nicht tun könnt, was ihr verdient oder nicht verdient. Ich weiß, das ist alles leichter gesagt als getan, aber wenn ihr ein „glatteres, ruhigeres Panorama" im Leben haben wollt, müsst ihr durchhalten, und eine Bestandsaufnahme der Menschen in eurem Leben machen und die Frage stellen: Sind die Menschen in meinem Leben inspirierend und erhebend oder destruktiv und anstrengend? Leider haben toxische Menschen keinen Warnaufkleber auf der Stirn, aber ihr alle kennt sie, in eurem Privatleben, in der Arbeit oder in der Verwandtschaft. Der arrogante, überlegene Typ, der euch gerne niedermacht, der gehässige Klatscher, der Fakten nicht von Fiktion unterscheiden kann, das ewig jammernde

Opfer, das alle anderen für seine Umstände verantwortlich macht, der Kontrollfreak, der ewige Besserwisser, der Energievampir, die Neider, die es einfach hassen, wenn einem etwas Gutes passiert, der wütende, nachtragende Herr oder Frau Negativ, die nichts Gutes über irgendetwas und niemanden zu sagen hat usw. Diese Denkweisen machen es euch sehr schwer, ein bewusstes Leben zu führen. Sie erschöpfen eure Energie, brechen eure Denkmuster und verankern euch in unbewusster Schöpfung von Negativem. Mit anderen Worten, sie bringen Chaos in euer Leben und müssen wie die Pest vermieden werden. Beim bewussten Leben geht es darum, achtsam zu sein, geistige Klarheit zu haben und nicht Verwirrung. Es bedeutet, Verantwortung für euer Leben zu übernehmen und dies nicht anderen zu überlassen. Kreatives Leben beinhaltet eine kontinuierliche und fortschreitende Reinigung. Eine Reinigung von Seele und Körper. Der Wandel vom unbewussten Schaffen zum bewussten Handeln beginnt immer in eurem Denken. Ihr wählt, was ihr im Leben wollt, anstatt euch mit den Karten zufriedenzugeben, die euch ausgeteilt wurden. Euer Leben ist gegenwärtig, es ist zielgerichtetes Handeln in Bewegung, das sich immer mit dem Fluss des Lebens und des Universums bewegt. Bewusst zu leben bedeutet, dass ihr euch eurer Umgebung vollkommen bewusst seid, wachsam im Jetzt und nicht verloren in einem nebulösen Niemandsland vegetiert. Bewusstes Denken und erhöhte Aufmerksamkeit beobachtet die Wege der Natur und sieht die Harmonie des Tanzes von Leben und Tod. Es schwelgt im Gesang des Windes, dem Rauschen der Wellen am Strand, begrüßt die warme Sonne auf nackter Haut und zeigt sich im Staunen über die Fibonacci Muster der Wale während des Paarungsgesanges. Ein bewusstes Leben erkennt intuitiv die Energie des „Einen“ Lebens, das alle DNA auf diesem Planeten antreibt, ob mit Pelz, Schuppen oder Federn bestückt, es fühlt den Puls des einen Herzens in der ganzen Schöpfung und weiß instinktiv, dass Trennung nur eine Illusion ist, die von der Matrix entworfen wird, um euch im Opferspiel zu halten.

ꕤ Der schwierigste Teil des Wachstums ꕤ

Merksam: Ist die Erleuchtung in uns allen drinnen?

Electra: Ihr neigt dazu, überall nach Erfüllung zu suchen, nur nicht dort, wo ihr sie im Überfluss findet: in euch selbst. Ihr sammelt äußere Dinge, in der Hoffnung, dass sie die innere Leere füllen, ohne zu wissen, dass wahre Erfüllung durch die Erforschung dieses Gefühls der Leere entsteht. Spirituell Suchende sind oft nicht anders, da sie oft die Leere mit äußeren Dingen suchen, von denen sie glauben, dass sie ihre Spiritualität erhöhen oder verbessern werden. Kristalle sind ein gutes Beispiel dafür. Ihr überzeugt euch selbst davon, dass sie eurem spirituellen Wachstum helfen, was sie durchaus können, aber nur ein kleines Hilfsmittel sind. Sie können im Inneren erzeugten Wachstum und Spiritualität nicht ersetzen und sollten daher eher zur Abwehr negativer Energien, Heilung und Reinigung verwendet werden, aber nicht als Ersatz bzw.

Hauptwerkzeug für spirituelles Wachstum. Wenn ihr sie ausschließlich dazu nutzt, um die schwierige innere Arbeit zu vollbringen, die zur Evolution führt, seid ihr am Holzweg. Nochmals, ich bestreite nicht die Wirkung und den Nutzen von Kristallen, doch manche Menschen übertreiben damit. Denn sie können sich leicht im Glanz des Ganzen verfangen und das ursprüngliche Ziel, die wahre Erleuchtung und spirituelles Wachstum, aus den Augen verlieren. Das erreicht man nicht durch äußere Dinge, sondern indem man nach innen schaut. Zu erkennen, dass alles von innen kommt, und sich der Erforschung eures Bewusstseins zu widmen, ist der schwierigste Teil des spirituellen Wachstums. Es ist aber leider viel einfacher zu glauben, dass etwas Äußeres euch dorthin bringt, ohne dass ihr hart dafür arbeiten müsst. Viele müssen auf die harte Tour erkennen, dass Glück, Ganzheit und spirituelles Wachstum alles Aufgaben des inneren Selbst sind. Viele mussten den qualvollen Prozess durchlaufen, sich in äußere Dinge zu verlieben, sich davon zu überzeugen, dass sie diese unbedingt brauchen, um kreativ und spirituell zu wachsen. Und waren dann unglücklich, als sie gezwungen waren, auf diese Dinge wieder zu verzichten. Sie mussten dann erkennen, dass sie immer noch sie selbst sind, auch wenn sie die äußeren Dinge hatten, von denen sie glaubten, dass sie sie brauchen. Mit oder ohne dieser „Hilfsmittel", solltest du verstehen, dass deine Liebe sehr stark ist. Und dein Verstand ist entweder ein Assistent oder eben ein Hindernis, je nachdem, wie du ihn verwendest. Äußere Dinge sind nicht nur für spirituelles Wachstum unnötig, sie können sogar im Weg stehen. Wenn ihr es zulasst, können diese „Hilfsmittel“ im Geist Mauern errichten, wo einst offene Felder waren. Diese Dinge können beginnen, den Fluss des Bewusstseins zu blockieren, während sie euch glauben machen, dass ihr mehr von ihnen braucht, um euch besser oder sogar normal zu fühlen. Für die meisten Menschen kommt hier die Sucht ins Spiel. Denke daran, dass externe Dinge fast alles bedeuten können. Für spirituell Suchende könnte es etwas so Unschuldiges wie Kristalle sein. Für Suchende und Nicht-Suchende können es harte Drogen oder alles Zerstörerische sein, das euch von der Außenwelt abhängig hält. Es gibt Substanzen wie DMT, die das Bewusstsein wirklich erweitern und helfen, eure multidimensionale Natur zu sehen. Sehen ist aber nicht gleich verstehen. Und diese Substanzen können euch verzehren, wenn ihr sie nicht mit einer klaren Absicht verwendet oder ihr sie zum Spaß nehmt, oder ihr besonders sensible Menschen seid. Andernfalls konnen sie zu einer weiteren äußeren Sucht werden, die euch allmählich von dem Bewusstsein entfernt, nach dem ihr von Anfang an gesucht habt. Die Dinge oder Wesen, die ihr in einem DMT (Ayahuasca) Zustand sieht, können euch auch sehr erschrecken und auf immer bei euch bleiben. Das will keiner, glaub mir. Das Bewusstsein ist im Überfluss vorhanden, wenn ihr wisst, wie und wo ihr danach suchen müsst. Sogar scheinbar unschuldige Dinge wie Kristalle werden zu einem Hindernis, wenn du dich mehr auf sie als auf dein Selbst konzentrierst. Bewusstsein und Gewahrsein sind bereits für dich da. Trotz eurer Versuche, euch mit der

Quelle zu vereinen, müsst ihr nichts tun, um sie extern zu finden. Dein Bewusstsein und deine Lebendigkeit ist das, was du in Wahrheit suchst. Deine Fähigkeit, die Welt zu sehen, zu hören, zu fühlen, zu schmecken und allgemein zu spüren, ist dein Tor zu höherem Bewusstsein. Aber bevor du höher hinaus kannst, musst du das Wunder des Lebens erkennen. Du bist ein fühlendes Wesen, eingebettet in einen menschlichen Körper, der in die Unendlichkeit zurückkehrt, wenn der Körper aufhört zu leben.
Erleuchtung ist natürlich. Es geschieht mit oder ohne deine Beteiligung. Es ist wie Sonnenschein und Regen. Wir alle sind uns dessen bewusst, wir erleben es, und dennoch können wir es nicht kontrollieren. Wir erkennen, dass es einfach so ist. Wir sind Wesen des Bewusstseins und des Selbstbewusstseins, insofern wir uns des Lebens wirklich bewusst sind. Ihr Menschen seid euch der höheren Zustände, die euch erwarten, größtenteils nicht bewusst, aber ihr seid euch eurer selbst bewusst und der Tatsache, dass ihr lebt. So verwirrend dies auch klingen mag, das Erkennen dieses grundlegenden Bewusstseins ist der Schlüssel zum spirituellen Wachstum. Macht euch keine Sorgen, dass ihr eure Evolution oder Erleuchtung verpasst, ihr tut es nicht, ihr braucht eventuell nur ein bisschen länger. Nochmals, ihr seid ein bewusstes Wesen, und ob ihr dies auch erkennen könnt oder nicht, euer Bewusstsein wird von selbst wachsen. Es hilft natürlich, sich auf seine eigene Entwicklung auch wirklich einzulassen und ein aktiver Teil davon zu sein, aber insgesamt wird euch die ewige externe Suche nach Unterstützung in der Außenwelt

nur zurückhalten. Schau nach innen und lass das Wunder deines zunehmend höheren Bewusstseins sich vor dir entfalten.

❁ Steckenbleiben in unteren Chakren ❁

Merksam: Viele gehen durch ihr tägliches Leben, ohne zu wissen, wie sich das, was in anderen Dimensionen geschieht, auf ihr tägliches Leben auswirkt. Sie glauben, dass sie ein Körper und eine Persönlichkeit sind und folgen in den meisten Fällen der „Herde". Die große Frage ist, wer treibt diese Herde an?

Electra: So wie es viele Arten von Nutztieren gibt, die in Herden leben und in der kollektiven Gruppendynamik angetrieben werden, gibt es natürlich auch viele Menschen, die sich ebenfalls in Herden treiben lassen. Das "Herden-denken" ist sogar großer Teil eures gesellschaftlichen Bewusstseins. Der einzige Weg, um wirklich zu verstehen, was passiert, besteht darin, aus der Herde herauszutreten, aus dem sozialen Bewusstsein herauszutreten. Je mehr man für die multidimensionale Welt um sich herum und seine eigene multidimensionale Natur erwacht, desto mehr erkennt man, wie das Universum funktioniert. Wenn du in deiner Persönlichkeit fixiert bist, deinem Glauben, wirst du dir dieser anderen Kräfte nicht bewusst sein, also wirst du ihnen unterworfen sein. Ich kann es gar nicht oft genug betonen: Ist dir bewusst, dass du ein Geist bist, der einen Körper und eine Persönlichkeit hat und nicht umgekehrt? Der Geist ist zeitlos, ein mehrdimensionales Wesen, das bis zur Quelle zurückreicht. Der Körper ist eine Hülle, ein Anzug. Du hast schon viele multikulturelle Erdanzüge getragen. Du hast schon in anderen Dimensionen gelebt, auf anderen Planeten mit fortgeschritteneren Zivilisationen. Wenn du glaubst oder fragst, ob du ein Körper und eine Persönlichkeit bist, die völlig an die Materie gebunden ist, lautet die eindeutige kurze Antwort nein. Dieses Wissen wird leider von denen abgelehnt, die im sozialen Bewusstsein und in der Materie gefangen sind, weil sie keine Bezugspunkte haben, aber wenn der Schüler bereit ist und nach Hilfe ruft, wird der Lehrer auch erscheinen. Wenn du von kulturellen und religiösen Programmen gefangen bist, befindest du dich immer noch in einer Schublade der ersten Klasse Grundschule der Erde. Wenn du Teil der Herde bist, Teil des sozialen Bewusstseins, das darauf wartet, dass das Fernsehen Ihnen sagt, was Sie glauben sollen, wer Sie sind und was auf der ganzen Welt alles passiert, dann helfe Ihnen Gott. Es geht um Selbstbeherrschung und das Erwachen zum Gott im Inneren. Ja, es gibt einen Gott, aber nicht die bärtigen alten Götter, er ist weder männlich noch weiblich, dennoch existieren männlich und weiblich in ihm. Die Schöpferkraft ist in seinem grenzenlosen Verständnis reine, bedingungslose Liebe, Freude und Glückseligkeit. Sie hat kein Ego, sie urteilt nicht und es lässt sich am besten als das EINE Bewusstsein beschreiben, das alles Bewusstsein auf allen Ebenen und Dimensionen im gesamten Multiversum umfasst. Diese Urquelle von allem, ist in der gesamten

Gott

Ego

Schöpfung allgegenwärtig. Der Weg, dies zu verstehen, ist ein innerer, nicht ein äußerer, der Tempel liegt im Inneren, und das Herden- oder soziale Bewusstsein ist nicht der Weg zur Erleuchtung oder persönlichen Ermächtigung. Tatsächlich ist es eine Falle. Eine multidimensionale Falle. Spieler in der Ablenkung kommen in vielen Formen vor und existieren in anderen Dimensionen. Diese sind Meister darin, Chaos und Trennung zu schaffen und dich in den unteren Chakren eingesperrt zu halten: Gier, Habsucht, Neid und Machtausübung. Wenn du dir deines mehrdimensionalen Selbst nicht bewusst bist und es nicht gemeistert hast und nur zehn Prozent deines Gehirns verwendest, wer spielt dann mit dir in anderen Dimensionen herum oder manipuliert die anderen neunzig Prozent? Woher weißt du, welche Gedanken und Gefühle deine sind? Du solltest die Quelle deiner Gedanken und deiner Emotionen schließlich selbst kennen, oder? Dies tust du aber in vielen Fällen nicht, weil du manchmal fremdbestimmt bist. Wenn du wüsstest, wie viel Manipulation vor sich geht, würden die meisten Menschen förmlich implodieren und in Verzweiflung fallen, aber es gibt einen Ausweg und dieser ist immer die Spiritualität und der eigene individuelle Aufstieg.

ʒ Du bist die Veränderung ʒ

Merksam: Wie unterstütze ich meinen mehrdimensionalen Geist und Körper, sodass er mehr Licht erfährt?

Electra: Was euer Körper braucht, wird auf der ganzen langen Strecke des Lebens unterschiedlich sein, denn neue irdische Realitäten materialisieren sich ständig überall um euch herum, wenn ihr wirklich offen und bereit seid, dies zu erfahren. Der menschliche Geist versucht, Dinge zu konzeptualisieren und herauszufinden. Während dies wichtig ist, um den Geist über die vorherigen Wahrnehmungen und Grenzen der vielen Konditionierungen und hartnäckigen Programmierungen hinaus zu erweitern, zeigt euch die tatsächliche Erfahrung alles, was ihr wissen müsst. Euer Körper spricht und eure Gedanken sagen euch, welche Programme in eurem Zellspeicher verankert sind. Die physische Realität ist ein schwingendes Liefersystem von Realitäten, die ihr durch eure eigene Energie unterstützt. Wenn mehr aus den schweren Schleiern des Tiefschlafes erwachen würden, könnten sie ihre eigenen Herzen öffnen und sich wieder mit ihrer eigenen Menschlichkeit im Inneren verbinden. Indem sich jeder um das kümmern würde, was wirklich wichtig ist, könnte man die Erdenmenschheit wieder vereinen. Vereinen in eine blühende, gerechte und unterstützende Gesellschaft, die von jedem einzelnen, von allen gemeinsam geschaffen wird und zu der jeder von euch dann beigetragen hat. All dies beginnt im Inneren. Das wirklich Fürsorgliche, das Glaubende, das Wissen und die Arbeit, um dies zu verwirklichen, ist einer der vielen spirituellen Pfade des Lebens. Es benötigt dazu aber die Hilfe von jedem einzelnen, alles ans Licht zu bringen, um zu erkennen, dass die alten Systeme nicht mehr funktionieren und nie funktioniert haben. Die Änderung beginnt in dir und mit dir. Du bist diese Veränderung, mach den Anfang. Du bist derjenige, der sein Herz öffnet, um sich miteinander zu verbinden. Du bist derjenige, der alles zusammenhält, der bereit sein muss, eine ganz neue Realität durch sein eigenes höheres Bewusstsein zu verankern. Du bist derjenige, der jede dieser alten, maroden Ideologien und falschen Überzeugungen loslassen muss, und zu Grabe tragen muss, um ein neues, besseres System einzuleiten. Du bist derjenige, der sich respektieren, ehren und lieben muss, der sich genug um sich und somit der Menschheit kümmern muss. Du bist derjenige, der zählt und den Schlüssel zum gesamten Universum, den Galaxien und Gaia in sich trägt. Du bist derjenige, der die Veränderung ist, derjenige, der die Fähigkeit hat zu erschaffen, die Fähigkeit, alles zu tun, was du dir wünschst und mit seinem Herzen sehen kann. Es ist dein „Job“, deinen Freund, deinen Partner oder deinen Kollegen oder Mitarbeiter mit an Bord zu holen und zu überzeugen. Nur du kannst dies. Von sogenannten Weltführern aus Politik und Religion wird dieser Wandel niemals kommen, denn diese wünschen den Wandel nicht. Alle deine Träume und Wünsche sind verfügbar, wenn du dich von innen heraus mit deinem reinsten „Ich“ wieder-vereinst. All die Magie und das Wunder, die Schönheit der gedanklichen Schöpfung ist eine Essenz und Energie, mit der du alles ändern kannst. All das Erstaunliche geht von dir aus, wenn du bereit bist, deine Denkweise zu ändern. Wenn du entscheidest, dass du bereit dazu bist, über deine kühnsten Träume hinaus glücklich zu sein, dann wirst du dies auch erreichen. Du kannst dies! Die Umstände des Erwachens aus einem Tiefschlaf lassen einen den Kopf schütteln, die Augen reiben und den menschlichen Geist umhauen. Die Erfahrung, wachgerüttelt, erwacht oder wach-geschockt zu sein, und sich dabei unwohl zu fühlen, ist alles ein Teil dieses Prozesses, um zu erkennen, was du vorher nicht sehen konntest. Natürlich schmerzt es, wenn man erkennt, dass man sein ganzes Leben vom System belogen wurde. Dieses Erwachen tritt ein, wenn die Schwingung hoch genug angestiegen ist, damit sich deine höhere Bewusstseins-DNA „einschalten" kann. Zur vollen Kraft in sich selbst zurückzukehren bedeutet, weniger Liebe in seiner eigenen Realitätswelt nicht länger zu akzeptieren. Nicht länger tolerieren, was die Menschheit nicht unterstützt, was einen durch Angst trennt und zur Unterwerfung zwingt. Dies ist die dritte Dimension, eine Illusion, an die jeder bisher glaubte. Das große Erwachen ändert dies, da alle mehr mit ihrer eigenen Menschlichkeit und Spiritualität konfrontiert werden. Von einer dystopischen Gesellschaft, die seit Äonen auf der Erde dominiert, im reinen Chaos zu erwachen ist hart, aber dennoch die perfekte Gelegenheit alles zu ändern. Ihr solltet die Realität erschüttert, mit offenem Herzen Mitmenschen überzeugen und jedem die Möglichkeit zu bieten, seine eigene Macht durch Einheit als Liebe zurückzugewinnen. Jeder sollte dies akzeptieren und es zu seiner neuen Realität machen. Leiden ist eine Denkweise, es ist die Energie deines Egos, die erlebt wird. Es repräsentiert die Bindung an ein Ergebnis, ein Bedürfnis, einen Mangel an Macht und Liebe für sich selbst und auch füreinander. Es ist eine kaputte Mentalität, ein altes Programm der Matrix, ein unbewusster Irrglaube und eine negative Energie, die aus jedem Zellkörper gelöscht werden muss. Denn wie man lebt und fühlt, wird von diesen negativen Dingen bestimmt. Freude, Frieden und Liebe, das sind Geisteshaltungen, die positive Energie erzeugen, die man auch aufbauend fühlen und erleben kann. Auch dies ist eine Wahl, eure eigene Schwingung aus der alten unbewussten Programmierung zu heben und euch selbst zu verschieben. Dies ist auch die Fähigkeit und Verantwortung eines jeden. Andere können helfen, aber der einzelne muss bereit dazu sein, sonst gibt es diesen Wandel nicht für das Kollektiv. Diejenigen, die bewusst sind, erkennen, dass jeder die Wahl hat, wie er alles selbst erlebt, dass jede Realität eine Reaktion ist. Diese erwachten Menschen verstehen auch, dass diese Erfahrung euren menschlichen Aspekt lehrt und euch aufweckt. Wir von den Plejaden greifen in diesen Prozess nicht aktiv ein, denn die Erfahrung, die jeder gewählt hat, um sich selbst aufzuwecken, sein Herz zu öffnen, darf nicht aufgezwungen werden. Wir von den Plejaden ehren die Entscheidungen jeder individuellen Seele, auch wenn sie einen schmerzhaften oder gar negativen Weg gewählt hat, denn dieser wird schließlich auch irgendwann einmal zum Erwachen führen. Aber jenen Seelen, die dies wünschen und die Unterstützung im Erwachensprozess suchen, denen helfen wir. Wir unterstützen bei jedem die Möglichkeit sich noch mehr zu öffnen, nach innen zu gehen, um sich wieder mit seinem eigenen Licht und seiner Selbstliebe zu verbinden. Dies können wir aber nicht mit einem schlafenden Kollektiv machen. Es würde gegen das universale Gesetz des freien Willens verstoßen. Wenn schlafende Kollektive zur Ego-Trennung erwachen, kann es auch sehr „intensiv" werden, weil der Ego-Aspekt alles tun wird, um keine Verantwortung zu übernehmen und keine Änderung zu akzeptieren. Deine Aufgabe ist es, zu erkennen, wann dein Herz geschlossen ist, um es wieder zu öffnen. Deine Aufgabe ist es, die Muster, die Programme, die Gewohnheiten, die Ängste und die Trennung zu sehen und alles in Liebe aufzulösen. Man kann diese negativen Dinge wie Angst aufzulösen, indem man nicht mehr daran teilnimmt, es nicht mehr unterstützt und nicht zulässt, dass alles so weitergeht wie bisher. Du wirst dann der Anführer, derjenige, der den Weg weist, mit deinen vorbildlichen Handlungen, deiner Fürsorge, deiner Ehre, deiner Integrität, deinem Respekt, deiner Freundlichkeit und deiner Einheit, die du alle in dir trägst. Du bist derjenige, der das Zentrum deines Universums ist, derjenige, der bestimmt, welche Dimension du hier erlebst. Du bist derjenige, der alles erschaffen hat, was du erfahren kannst, durch das, was du in deinem Körper, deiner DNA und deinen Zellen hast. Während sich dein Körper in einer schnellen Beschleunigung bewegt und alles Negative loslässt, wird dein Körper seine Schwingung hoch genug erheben, um physisch vollständig aufzusteigen, wo die neue Erde die Realität ist. Dies wirst du auch jeden

Moment erleben, du musst dich dafür aber entscheiden. Wenn sich dein Bewusstsein über deinen Körper hinaus ausdehnt, dient dein Körper ganz neuen Zwecken. Dein Körper spricht zu dir und sagt dir, was er braucht und was er zu tun versucht, um sich als multidimensionaler Körper für dich zu entwickeln. Die neue Erde wird alle vereinen und alle dazu bringen, in Liebe zusammenzuarbeiten. Ihr alle haltet das Licht und macht einen Unterschied in kleinen und in großen Dingen, indem ihr nicht mehr bewusstlos seid und schläft. Jeder sollte bereit dazu sein, eine Existenz mit viel höherem Bewusstsein anzunehmen und sie auf Erden Wirklichkeit werden zu lassen. Mitgefühl hält immer einen Raum bereit, den jeder für sich selbst transformieren kann, damit man die Dualität transzendieren kann. Dieser Raum bietet jedem die Möglichkeit, in seine eigene Kraft zu treten und zur Selbstliebe zurückzukehren. Dort akzeptiert man die Trennung nicht mehr als eine Art zu existieren und zu leben. Dies war der Weg des alten kaputten „Systems". Du, ich, wir ... wir alle erfahren genau das, was notwendig ist, um jeden von uns in eine Existenz mit höherem Bewusstsein zu bringen, indem wir unsere Herzen öffnen, damit unser höheres Verstandesbewusstsein ebenfalls erwachen und aufsteigen kann. Es ist das höhere Herz-Verstand-Bewusstsein eines jeden, das die Wirkung ausübt, aufgrund der Macht und Stärke, die jeder von uns besitzt. Die neue Erde, das goldene Zeitalter ist überall um dich herum, wenn du all dies in voller Einheit in dir lebst. Wenn du dich wieder mit der Schönheit und der Pracht verbinden möchtest und dies als dein neues Leben wählst, dann

Körper

manifestiert sich das goldene Zeitalter. Die neue Erde ist eine Schwingungsfrequenz- oder Existenz, die ihr fühlt und erlebt, während sich alte und unterdrückte Programme und Emotionen auflösen. Die alten Schwingungen im Körper werden deaktiviert, um den Körper vollständig in die neue Schwingungsfrequenz zu erheben und zu erwecken. Öffne dein Herz, um für diese ganz neue Realität vollkommen bereit zu sein. Du wirst aber die innere Arbeit machen müssen, damit das Äußere leichter für dich neu ausgerichtet werden kann. Alles muss durch Liebe, Einheit und Reinheit vollständig in Harmonie gebracht werden, damit euer multidimensionales Erd- und Sonnensystem ins neue goldene Zeitalter eintreten kann.

ƛ Die größte Frage aller Zeiten ƛ

Merksam: Was ist der wirkliche Sinn des Lebens?

Electra: Es ist ziemlich einfach, den großen Sinn im Leben herauszufinden. Schließlich haben Heilige, Weise und spirituelle Meister die Informationen seit Äonen gelehrt. Ihr seid hier für eure eigene spirituelle Entwicklung und um anderen auf dem Planeten zu helfen. Ihr seid hier, um aus dem tiefen Schlaf des Vergessens zu erwachen. Dieses Erwachen ist wirklich eine Erinnerung daran, wer ihr wirklich seid. Ihr müsst eure Fähigkeiten weiter entwickeln, bewusster zu werden und euch auf die Quelle in euch konzentrieren. Ihr sollt lernen und euch in höhere Bewusstseinszustände bewegen. Dies ist Teil der gesamten Evolution der Menschheit. Es bringt frohe Botschaften ins

Herz, wenn ihr es endlich versteht und beginnt, bewusst an eurem eigenen spirituellen Wachstum zu arbeiten. Indem ihr eure eigene Arbeit tut, tragt ihr zum Licht für den Planeten bei. Jeder kann seine eigene spirituelle Mission durch seine innere Freude finden. Du entdeckst deine individuelle Mission durch das, was dir unglaubliche Freude bereitet und was wahrscheinlich schon seit frühen Jahren in deinem Leben ein roter Faden von großem Interesse war. Sei dir immer bewusst, dass du wichtig auf diesem Planeten bist. Ihr seid alle hier auf Gaia, um euch nicht nur im Großen und Ganzen weiterzuentwickeln, sondern um euren besonderen Grund, warum ihr jetzt hier seid, auch zu teilen. Die Tatsache, dass deine individuelle Mission von dem herrührt, was dir persönlich Freude bereitet und dich in deinem Wesen erleuchtet, ist so einfach und leicht zu verstehen, wenn du es erst einmal herausgefunden und verinnerlicht hast! Freude ist ein Daseinszustand, der wie eine Blume innerhalb der strukturellen Grundlage der Existenz erblüht. Da wir Wesen des Universums alle diese Energie der Existenz sind, wartet diese Freude nur darauf, ausgedrückt zu werden, um in der Natur unseres Wesens zu erblühen. Wenn ihr eure eigene einzigartige Mission durch das entdeckt, was euch Freude bereitet, könnt ihr beginnen, dies der Welt weiterzugeben. Indem ihr diese angeborene Qualität der Freude zum Ausdruck bringt, erlaubt ihr den grundlegenden Strukturen der Existenz, sich auszudrücken. Indem ihr diese Handlung ausführt, öffnet ihr die Schleusen für die anderen Qualitäten des Daseins, damit sie vollständiger zum bewussten Ausdruck kommen.

Es ist ein wunderschön gestalteter Plan. Freude drückt sich durch dich persönlich aus und bringt die Energie der Quelle in Aktion. Natürlich bist du aus einem bestimmten Grund hier. Du bist hier mit deiner ganz besonderen Mission: dieses verborgene Juwel der Freude hervorzubringen, um es der Welt zu geben, um es mit der Welt zu teilen. Wenn du dies tust, empfängt die Welt Freude. Dein Licht scheint, und die Welt empfängt Licht. Deine Liebe tritt dann in Aktion. Schönheit manifestiert sich und die Welt empfängt und erwacht. Siehst du jetzt, wie das funktioniert? Die Zeit ist jetzt. Zöge daher nicht. Entdecke noch heute dein einzigartiges Juwel der Freude. Finde eine Möglichkeit, mit anderen zu teilen, und beginne. Fange jetzt an. Du wurdest für diese Zeit jetzt geboren. Teile dein persönliches Geschenk mit der gesamten Menschheit.

ϖ Die Strippenzieher ϖ

Merksam: Werden die Eliten, also die wahren Strippenzieher im Hintergrund gewinnen und ist Bewusstsein der richtige Schlüssel zur Bekämpfung dieser Eliten und zur positiven Veränderung der Welt?

Electra: Nein, sie können gar nicht gewinnen und ja, Bewusstsein ist in der Tat der richtige Schlüssel dazu, denn diejenigen, die euch listig manipulieren und versklaven, kümmern sich immer weniger darum, ob ihr an eure sorgfältig kultivierten fünf Sinne und an eure künstliche 3D-Realität glaubt oder nicht. Denn diese spielen sich im Welttheater der Illusion ab, aber dies haben wir ja bereits besprochen. Die Versklaver kümmern sich immer weniger darum, dass ihr Zuschauer in diesem Theater der Illusionen, immer mehr die Lücken in der einst für real geglaubten, auseinanderfallenden Szenerie entdeckt, während alles im Hintergrund offengelegt und enthüllt wird. Immer mehr Menschen im Publikum der Weltbühne entdecken die Fäden der Puppenspieler und deren Marionetten auf der Bühne. Viele von euch können jetzt sehen, wie ihre Fäden von den Puppenspielern gezogen werden, die nicht mehr im Schatten versteckt sind. Euren Versklavern ist es ziemlich egal, dass das Illusionstheater, das euch seit Urzeiten mit all seinen Freiheitsirrtümern betrogen hat, aufgedeckt wird und dann auseinanderfallen wird. Denn der ganze falsche Schein, das ganze Set-up, die ganze Bühne zu diesem Theater des Bösen war auch für sie energieraubend und kostspielig in der Instandhaltung. Jetzt, in ihrer Arroganz, glauben die Versklaver ohnehin bereits gewonnen zu haben und dass euer zunehmender Widerstand zwecklos ist. Es ist nur eine Frage der Zeit, bis das Theater der Illusion überflüssig wird, da sie immer zuversichtlicher werden, dass sie es schaffen werden, ihre geplante komplette Weltübernahme in Zement einzumeißeln. Das könnt ihr deutlich an den Enthüllungen der letzten paar Jahre sehen. Das, was noch vor kurzem als abstrakte Verschwörungstheorie galt, ist heute anerkannte Tatsache. Nachdem eure Versklaver von eurer geplanten „Befreiung" erfahren haben, folgte unweigerlich die Frage: „Was können wir gegen die zunehmend erwachenden Massen tun?" Und sie haben keine Antwort darauf, denn die

Quintessenz ist, dass die wirkliche Lösung zu Befreiung tatsächlich in einem Bewusstseinswandel liegt. Euer überwältigendes, und für die Eliten unkontrollierbares Massenerwachen ist das, was die herrschenden Despoten der Welt am meisten fürchten. Da ihr ihnen und ihren Lakaien zahlenmäßig weit überlegen seid, wüssten sie nicht, wie sie mit euch umgehen sollen, selbst mit ihrer fortschrittlichen Technologie. Ja, sie haben noch diverse schmutzige Tricks und Joker in ihren verdreckten Ärmeln. Aber keine noch so perfiden Manipulationen in ihren Schmierblättern, keine Chemtrails, keine 5G Verstrahlung und keine Gentherapien oder Plandemien können mehr den kommenden Wandel aufhalten. Die eigentliche Frage ist also, wie werdet ihr alle bewusst? Es ist einfach. Ihr werdet bewusst, indem ihr es entscheidet. Indem ihr auf diese Synchronizitäten in eurem Leben einwirkt: Auf das einwirken, was euch anruft, was euch bewegt und was euch inspiriert. Handeln, indem ihr auf eure Intuition, eure innere Stimme hört, die aus eurem Inneren kommt, indem ihr auf diese Bauchgefühle und Grundinstinkte achtet. Bewusstsein bedeutet, aus dem Herzen zu kommen, in Kontakt zu treten und in einen Zustand des intuitiven Wissens zu gehen. Im Gegensatz zum Zugriff auf euer Internet, ermöglicht euch das Bewusstsein also den Zugriff auf euer „inneres Netz". Die Entscheidung, bewusst zu werden bedeutet, sich von der Gedanken-Kontroll-Programmierung der Eliten zu lösen, alles abzulehnen, was sie euch vorschlagen und aufzwingen. Flucht vor den Auswirkungen des physischen, mentalen, emotionalen und spirituellen Gefängnisses, das durch eure Unterdrückung verursacht wurde. Die Wahl des Bewusstseins bringt euch auf einen Weg, der euch als Spezies seit Urzeiten verweigert wurde. Als „werdende Menschen der Galaxis" müsst ihr diesen Ausdruck von Freude, Liebe, Frieden, Demut, Wahrheit, Fairness und Gerechtigkeit verkörpern und verinnerlichen. Viele Menschen wissen das, aber sie müssen ihren Kopf über den Tellerrand hinaus erheben und den Mut und die Überzeugung haben, es auch auszudrücken. Nachdem ihr euch von der Gedankenprogrammierung und der Auferlegung durch andere befreit habt und den dualistischen Beschränkungen von Materie, Energie und Raumzeit entkommen seid, ist alles für euch möglich.

⇧ Herz-zentriertes Bewusstsein ⇧

Merksam: Das Tor zum spirituellen Bewusstsein geht oft durch das Herz. Wie kann ich meine Herzenergie stärken?

Electra: Der Schöpfer entwarf die menschliche Erfahrung so, dass sie aus zwölf Stufen des sich entwickelnden Bewusstseins besteht. Ein Großteil des 20. Jahrhunderts war der fünften Stufe des menschlichen Bewusstseins gewidmet, der intellektuellen Entwicklung. Heutzutage wandern die Menschen in Scharen zur nächsten Stufe des menschlichen Wachstums, dem herzzentrierten Bewusstsein. Wenn eine Person ihren Intellekt durch die Linse des herzzentrierten Bewusstseins fokussiert, sieht sie, wie sehr die Welt Hilfe und Heilung braucht, anstatt die alten Wege von Konkurrenz und Zerstörung. Das Anfangsstadium des herzzentrierten Bewusstseins erzeugt eine konstruktive, globale Sichtweise. Es führt eine Person in das Erwachen des spirituellen Bewusstseins. Wie heißt es so schön? „Liebe deinen Nächsten wie dich selbst“. Dies ist eine Leitlinie, die euch seit den Anfängen der menschlichen Entwicklung begleitet. Heute ist es für euch kein fernes Ideal mehr, das es zu suchen gilt. Die Massenverschiebung zum herzzentrierten Bewusstsein bedeutet, dass bedingungslose Liebe jetzt ganz natürlich zu den Menschen kommt. Die vollständige Liebe und Akzeptanz von sich selbst und anderen ist der Herzschlag der neuen Realität. Bedingungslose Liebe zu anderen zu empfinden, ist der Schlüssel zu erfolgreichen, bedeutungsvollen Interaktionen mit allen, denen Sie in jeder Situation begegnen. Bedingungslose Liebe zu sich selbst zu empfinden, fördert ein gesundes Selbstwertgefühl, das eine positive Realität auf der Grundlage gegenseitiger Unterstützung aufbaut. Selbst wenn es äußere Verhaltensweisen gibt, die bei dir oder anderen verbessert werden müssen, ist bedingungslose Liebe der Schlüssel, der die Lösungen findet, die diese Verhaltensweisen positiv verändern. Sobald du anfängst, mit offenem Herzen zu denken, tretest du vom grundlegenden menschlichen Bewusstsein in die spirituellen Stadien der menschlichen Entwicklung ein. Genau dafür seid ihr auf die Erde gekommen, denn Spiritualität zu finden ist grundlegend für die menschliche Erfahrung. Es mag Mut erfordern, sich in ein herzzentriertes Bewusstsein zu begeben, aber sobald ihr die erweiterte Sicht auf ein Leben voller Liebe erworben habt, werdet ihr nie wieder zu dem zurückkehren wollen, wie die Dinge waren. Ihr werdet bald feststellen, dass alle Sorgen oder Ängste, die in euren Leben auftauchen, durch die größte Kraft im Universum transformiert werden kann, die Kraft der bedingungslosen Liebe. Es ist die Kraft der Liebe, die das Universum zusammenhält. Es ist eine Anziehungskraft, die jede Zelle deines Körpers durchdringt und dich ständig an die Liebe des Schöpfers für alles Leben erinnert.

ჩ Die Realitäts-Blase in der ihr lebt ჩ

Merksam: Es wurde viel darüber geschrieben, Schwingungen zu erhöhen, Frequenzen zu erhöhen und wie man dies alles erreicht, aber was genau bedeutet das und warum müssen wir es tun?

Electra: Ihr lebt in einer individuellen „Blase", die als Torus-Sphäre bekannt ist und aus einem wissentlichen Bewusstsein eurer Existenz entsteht, die ihr als Realität erfährt. Die Mitte dieser Sphäre ist euer Herzzentrum, das einen bewussten Energiefluss durch euch zulässt und „nach außen" auf eure Sphäre projiziert wird. Diese Blase, Kugel oder Sphäre besteht aus einem sechseckigen Gitter, das über dem Muster der Blume des Lebens liegt, einem Muster, das den Menschen des Altertums sehr vertraut war. Ihr erhaltet Feedback dieses projizierten Energieflusses durch eure fünf Sinne, das zur Verarbeitung an euer Gehirn weitergeleitet wird. Eure Realität besteht vollständig aus eurer Wahrnehmung dieser fließenden Informationen. Und alles, was für jede Person existiert, ist ihr eigenes Verständnis davon über ihre eigene individuelle Welt. Euer Glaubenssystem steuert die Menge an Informationen, die ihr bereit seid zu akzeptieren oder abzulehnen. Zu sagen, dass man das nicht glaubt, bedeutet zu demonstrieren, dass das Gehirn keine Wahrnehmung davon hat, um ein passendes Verständnis dafür zu schaffen. Ein Ausdruck dafür sind Sprüche wie: „Ich kann es nicht sehen, ich kann es nicht fühlen, also glaube ich es nicht". Dies ist die falsche Schlussfolgerung der dreidimensionalen Existenz. Wo Glaube nur auftritt, wenn er zweifelsfrei bewiesen ist. Fünfdimensionale Energien hingegen ändern diese Konzepte, indem sie „Anomalien" und persönliche Erfahrungen präsentieren, die die gegenwärtigen Überzeugungen und etablierten Beweise erschüttern, die euch die Wissenschaft und die Kontrollorgane glauben machen wollen. Glaube ist der Schlüssel, um das Bewusstsein über die Grenzen der fünf Sinne hinaus zu erweitern. Der sechste Sinn ist Bewusstsein im Sinne von Gefühlen, Intuition, Vorhersage und Antizipation. All die Fähigkeiten, die jenseits der animalischen fünf Sinne wirken. Eure Evolution entwickelt sich jetzt durch die Zusammenarbeit eures planetaren Bewusstseins Gaia, um den Frequenzbereich zu erweitern, den euer Wahrnehmungssinn spürt und darin funktioniert. Dies wird es euch ermöglichen, dass höherdimensionales Bewusstsein vollständig verfügbar wird, während es in einem physischen Körper inkarniert ist. Dies war der

ursprüngliche göttliche Zweck. Licht und Ton arbeiten mit bestimmten Wellenfrequenzen, auf die sich eure Körper einstellen können. Eure DNA bestimmt diesen Prozess durch kontinuierliche Anpassung und die Reaktionen und Verhaltensweisen eurer Zellstruktur. Damit Veränderungen innerhalb des physischen Körpers auftreten und ein größeres Frequenzbewusstsein wahrgenommen wird, müssen diese Veränderungen mit der DNA beginnen. Dies wiederum regelt die Form und Substanz eurer energetischen Körper. Neu codierte Lichtmuster kommen von der Zentralsonne der Galaxis auf die Erde. Wenn höhere Frequenzen beginnen, zuvor ruhende DNA-Stränge wie Harfensaiten vibrieren zu lassen, dann werden diese DNA-Stränge sozusagen „betriebsbereit" fürs neue goldene Zeitalter gemacht. Chemische Vergiftungen, Pflanzenmutationen, Frequenzmanipulationen, das Blockieren der natürlichen Sonneneinstrahlung, medizinische Abhängigkeiten, dies sind alles Versuche der negativen Eliten, diesen unvermeidlichen Prozess zu stoppen. Aber all diese schäbigen und billigen Versuche werden den Fortschritt der Menschheit letztendlich nicht aufhalten können. Denn diejenigen, die auf diese Frequenzen eingestimmt sind und ihre eigenen Schwingungen ausreichend hoch angehoben haben, werden automatisch die höheren Lichtschlüsselcodes in ihrer eigenen DNA freischalten, und somit die nächste Stufe in der menschlichen Evolution hervorbringen.
Offensichtlich wird jede interne Veränderung in der Zellstruktur physische Symptome als Rückmeldung der

Veränderungen hervorrufen, wenn sich der Körper im Restrukturierungsprozess anstrengt. Glaube und Vertrauen sind die Antworten, die es deinem Körper leichter macht, sich der neuen Schwingungsfrequenz anzupassen. Ihr müsst daher Glaube, Vertrauen und natürlich Liebe in euch lebendig werden lassen, damit eure Resonanzen euch auch wirklich Schritt für Schritt voranbringen. Aber glaube mir, das Goldene Zeitalter ist in vollem Gange und kann nicht mehr aufgehalten werden. Aber ob auch wirklich alle aufsteigen werden, das darf bezweifelt werden.

♋ So ist das Universum wirklich aufgebaut ♋

Merksam: Es ist schwierig, etwas zu beschreiben, was wir mit unseren fünf Sinnen nicht verstehen können. Du hast dies zwar schon einige Male erwähnt, doch ich möchte abermals darum bitten, mir zu berichten, welche Wesen sich in den verschiedensten Dimensionsdichten befinden.

Electra: Die Erste Dichte (oder erste Dimension, auch 1D genannt) ist die niedrigste und entspricht subatomaren Teilchen, Atomen, Molekülen, Chemikalien und Mineralien, wo die bewusste Entwicklung rudimentär und auf einfaches Sein beschränkt ist. Im Pflanzen- und Tierleben der zweiten Dichte (2D), existiert das Bewusstsein zuerst im Instinkt und Antrieb, aber auch in der Leidenschaft und im Willen, sowie im Schmerz oder im Vergnügen. Die dritte Dichte (3D) schließt Wesen wie euch ein, die die noch immer dominierenden Eigenschaften aus 2D in sich haben, aber auch den Samen der Selbsterkenntnis und des freien

Willens besitzen. Das Bewusstsein trifft die Wahl, anderen zu helfen oder sie eben auszubeuten. Diese drei Dichten sind vollständig physikalisch und unterliegen den Grenzen des dreidimensionalen Raums und der linearen Zeit. Diese Dichten „bewohnen" denselben physischen Bereich. Außerdem gehen die Dichten ineinander über, und innerhalb jeder Dichte gibt es einen Gradienten von den am niedrigsten zu den am höchsten entwickelten Arten von Wesen. Dies ist deutlich in der zweiten Dichte zu sehen, wo die niedrigsten Formen wie Schwämme oder Bakterien nicht auf der gleichen Ebene sind wie die höchsten, wie z. B. Primaten. Die vierte Dichte (4D) umfasst Wesen, die die Grenze zwischen der Raumzeit und den höheren ätherischen Reichen überspannen. Für sie ist Körperlichkeit elastisch und sie reagieren auf Gedanken. Sie existieren hinter dem dimensionalen Vorhang und können nach Belieben in eure Realität projizieren. Manche sind positiv, andere wiederum negativ. Sowohl 4D-Wesen als auch ihre Umgebung sind teils physisch, teils ätherisch. Das spirituelle Ziel der 4D-Existenz ist es, die Wahl der spirituellen Polarität vollständig auszuleben. Telepathie und sogenannte übernatürliche Fähigkeiten sind in dieser Dichte vorherrschend. Die fünfte Dichte (5D) ist eine vollständig ätherische Ebene der Existenz, die als Heimatreich für Wesen fungiert, die sich zu dieser Ebene entwickelt haben. 5D-Wesen sind darauf fokussiert, Weisheit und totale Perfektion ihrer Individualität anzusammeln. In der sechsten Dichte (6D) haben individuelle Wesen ihre persönliche Evolution beendet und gruppieren sich, um sich als Seelengruppe zu entwickeln. Sie existieren als Energiewesen in einem Bereich völlig außerhalb der Raumzeit. Die Siebte Dichte (7D) ist die Einheit mit der Schöpferkraft und die totale Auflösung der individuellen Existenz, allerdings nicht durch die Vernichtung des Bewusstseins, sondern durch das Erreichen eines unendlichen Bewusstseins, das alles Leben und alle Existenz durchdringt. Dichte kann sich auch auf das ursprüngliche Reich beziehen, das von Wesen einer bestimmten Evolutionsstufe bewohnt wird. Zum Beispiel bedeutet „in der vierten Dichte zu sein", in einem Reich zu sein, das von Natur aus von Wesen der vierten Dichte bewohnt wird. Da solche Wesen in einem quasi-physischen Zustand zwischen ätherisch und grob stofflich leben, ist die vierte Dichte als Umgebung oder Bereich ebenfalls quasi-physisch. Es ist die Obergrenze zu eurem streng physischen 3D-Reich. In der vierten Dichte ist die Raumzeit fließender, flexibler und reagiert auf das Bewusstsein. Es ist eine ätherisch, starke Umgebung. Beiläufig verwendet bezieht sich der Ausdruck „Dimension" auf eine bestimmte Welt, ein Reich oder eine Umgebung, die sich von einer anderen durch mehr als nur Zeit oder physischen Raum unterscheidet. In einem nüchternen Sinne bezieht sich der Begriff „Dimension" auf den Freiheitsgrad, der für Ausdehnung und Bewegung zugelassen wird. Diese beiden Definitionen sind manchmal austauschbar, manchmal nicht, und manchmal entsprechen sie der Dichte, manchmal nicht. Ein Grund zur Verwirrung ist, dass Menschen in der dritten Dichte existieren und auf drei räumliche

Dimensionen beschränkt sind, während Wesen zahlreicher anderer Planeten hauptsächlich der vierten Dichte angehören und Zugang zu der dritten, aber auch einer vierten räumlichen Dimension haben. Dies könnt ihr Menschen der Erde immer dann beobachten, wenn sich ein Objekt wie ein UFO, so wie ihr unsere Raumschiffe nennt, plötzlich in eurer Erdatmosphäre materialisiert oder sich dieses Raumschiff durch feste Objekte hindurch bewegt, durch die Zeit reist, oder gleich mehrere Zeitlinien gleichzeitig bereisen kann. Es sind dies auch meist Raumschiffe, die innen viel größer sind als von außen erscheinen. Aus diesem Grund wird auch oft der Begriff „hyperdimensional" oder „transdimensional" verwendet. Doch die Wesen der niedrigeren Dichten bewohnen alle dieselbe dreidimensionale physische Umgebung. Eine Ursache für Verwirrung ist, dass „Dimension" manchmal als Oberbegriff verwendet wird, der je nach Kontext eine beliebige Anzahl von Dingen bezeichnet, sei es „Bereich der Existenz" oder „Zeitachse" oder „Ebene der Realität". Verkompliziert wird das Ganze noch, wenn zum Beispiel Wesen der dritten Dichte in einer alternativen Realität im Multiversum leben, also zum Beispiel auf einer parallelen Erde leben, und obwohl sie keine andere Dichte und keine größere oder kleinere räumliche Dimension haben als ihr, würdet ihr diese Wesen dennoch als Wesen einer anderen Dimension beschreiben, was „eine andere Welt" bedeutet. Denke also daher daran, dass Dichte und Dimension nicht unbedingt dasselbe sind, obwohl die beiden gelegentlich austauschbar sind.

ɖ Dahin geht ihr „Danach“ ɖ

Merksam: Wohin gehen Menschen nach dieser irdischen Dichte?

Electra: Obwohl dies eine individuelle Entscheidung ist, kann sie für die Menschheit als Ganzes beantwortet werden, da sich die Menschheit und alles auf dem Planeten im Bewusstsein entwickelt. Wellen galaktischer Energie haben euren Planeten dank der Zentralsonne und natürlich dank eurer Sonne gebadet, die die Frequenzen aller Lebewesen erhöht haben. In gewisser Weise geht ihr danach nirgendwo hin, da ihr diese Energiewellen in einem physischen Körper ganz auf dem Planeten empfangen könnt. Und ich spreche hier nicht von dem Jenseits, also dem Leben nach dem physischen Tod, sondern von dem „danach“ der dritten Dichte. In vielerlei Hinsicht werden neue Türen des Bewusstseins geöffnet, die zuvor verschlossen waren. Denke daran, ihr seid mehrdimensionale Wesen. Das bedeutet, dass ihr nicht auf eine Dichte oder Dimension beschränkt seid. Ihr könnt diese Realität erforschen und ihr könnt auch euren Weg aus der Matrix finden. Die Schlüssel zum Aufschließen der Türen und alle Antworten sind alle immer in euch drinnen. Sobald die Bewusstseinsverschiebung eintritt, gibt es keine Grenzen für das, was ihr erreichen könnt. Der Trick besteht darin, sich daran zu erinnern, dass ihr grenzenlos seid, und daran auch glaubt, denn ohne Glauben geht einmal sowieso gar nichts. Wenn ihr euch aus der dritten Dichte herausbewegt, bekommt ihr eine ganz neue Ebene von

Dimensionen zu erforschen, die bisher nicht für euch zugänglich waren. Habe keine Zweifel daran, wohin du als Nächstes gehen sollst, folge einfach deinem Glauben und deiner Intuition.

ϟ Die richtige Erdung ϟ

Merksam: Wie schütze oder erde ich mich am besten vor Angriffen negativer Energien der Dunkelmächte bzw. von dunklen Wesenheiten anderer Dimensionen?

Electra: Es gibt weitreichende Veränderungen in der planetaren Architektur, die den menschlichen Körper und das kollektive Bewusstsein auf vielfältige Weise beeinflussen und die physischen, mentalen, emotionalen und spirituellen Schichten belasten, um sich an die Strukturgesetze im nächsten harmonischen Universum anzupassen. Die Welt der Kräfte, wie ihr sie auf der Erde kennt, verändern grundlegend ihre Bewegungsmuster. Der Übergang in das nächste harmonische Universum erfordert, dass die zelluläre Aufzeichnung, also der Geburtsabdruck in eurem Lichtkörper, verändert wird, damit euer Bewusstsein in der Lage ist, sich mit der Zeitlinie höherer Frequenzen oder aufsteigenden Räumen zu synchronisieren. Für einige Menschen ist der Weg dieses aufsteigenden Pfades, sich über die 3D-Erd-Gedankenkontrolle hinaus zu entwickeln, länger, für andere ist er kürzer oder findet sogar innerhalb eines Moments, eines Wimpernschlages statt. Ihr müsst euer Bewusstsein in liebevollere, freundlichere und einigende Gedankenformen umwandeln oder eben die

Folgen eurer unbewussten Handlungen erleiden, die euch wie ein Bleigewicht in die Dichte ziehen. Die Dichte dieser unbewussten Kräfte trägt euch leider auch in die magnetische Anziehungskraft der Interaktion dunkler Kräfte, die wie ein Vakuum wirken und alles auf seinem Weg ansaugen. Diese sogenannten negativen Wesen, das können Wesen anderer Planeten sein, oder Wesen anderer Dichten, setzen darauf, den Status quo der unbewussten Sklaverei der Menschheit aufrechtzuerhalten, indem sie extrem negative niedrige Gedanken verbreiten, von denen sie dann profitieren. Diese Wesen leben von eurer negativer Energie. Je mehr negative Energie und Gedanken im Umlauf sind, desto mehr gedeihen sie. In eurem kollektiven Bewusstsein werden diese Energien dann umso mehr vergrößert. Alle eure Bemühungen sollten deswegen darauf abzielen, alles Negative zu blockieren und zu neutralisieren. Vermeidet alle Wellen der Negativität eures Systems. Dies sind eure Medien und eure Politiker, denn diese zielen mit ihrem negativen Handeln direkt auf euren Geist ab. Wenn ihr einen starken nach innen gerichteten Erdungsmechanismus entwickelt habt, ist es viel einfacher, zentriert zu bleiben und euer Herz offen für Positives und geschlossen für Negatives zu halten. Während ihr durch die unruhige See segelt, die durch das Zusammentreffen vieler Kräfte gleichzeitig erzeugt wird, bleibt ihr durch richtige Erdung aber stabil. Nur wenn eine Person vollständig in seinem Kern-Selbst geerdet ist, wird sie sich sicher genug fühlen, ihr Herz zu öffnen, um tiefe Emotionen zu spüren, die in der Lage sind, tiefgreifende spirituelle Heilung und

Bewusstseinsverschiebungen zu katalysieren. Da sich einige der planetaren Wirbel mit niedrigerer Frequenz, die als Basis-Chakra-System der Erde fungierten, aufgelöst haben, ist eines der wichtigsten Ereignisse, die während dieser Phase geschehen, die Neukonfiguration des Erdungsmechanismus des menschlichen Lichtkörpers. Im Wesentlichen bezieht sich dies auf die Rekonfiguration der Wellen und Frequenzen des Chakra-Spektrums der Erde. Das elektromagnetische Energiefeld des Menschen ist so konzipiert, dass es über elektrische Schaltkreise, die einen Erdungsmechanismus erzeugen, direkt mit dem elektromagnetischen Energiefeld des Planeten verbunden ist. Aus diesem Grund spüren z. B. Tiere Stunden zuvor, wann es ein Erdbeben geben wird. Diverse „Chakren-Schaltkreise" werden während der elektromagnetischen Feldwechselwirkung erzeugt, die auftritt, wenn man direkten Kontakt mit dem natürlichen lebenden Bewusstsein der Erde durch das planetare Gittersystem hat. Das planetarische Gittersystem ist das globale Gehirn eines Planeten. Es ist die intelligente Energie, die durch die Welt der Kräfte und Ströme verschiedener Frequenzen im gesamten Erdkörper fließt. Diese Ströme mit verschiedenen Frequenzen lassen Sequenzen harmonischer Resonanzen durch horizontale Linien, vertikale Linien und diagonale Linien laufen. Diese kreuzen die Dimensionen durch Ley Linien, die ihr im kollektiven Bewusstsein auf der Erde erfahren könnt. Negative Kräfte versuchen ständig, mithilfe dieser Ley Linien, das Bewusstsein der Menschheit zu ihren Gunsten zu beeinflussen. Diese Linien, sind im Grunde nichts anderes als Transmitter in andere Dimensionen. Ihr solltet daher schleunigst anfangen diese Kraftlinien besser zu verstehen, um eure wahre multidimensionale spirituelle Identität und euren Ursprung zu entdecken. Wie gut ihr durch diese chaotische Zeit navigiert, hängt davon ab, wie tief ihr mit eurem Kern-Selbst verbunden seid und wie gut ihr euch körperlich anpassen könnt, um einen neuen Erdungsmechanismus für euch selbst aufzubauen. Nutzt das Wissen rund um diese Gitter und Ley-Linien besser, denn dies sind herausfordernde Zeiten für euch alle auf der Erde. Während ihr euch durch den Krieg um euer kontrolliertes Bewusstsein abrackert, werden weiterhin zu viele Menschen als Energiesklaven missbraucht. Eure Erdung, eure Sicherheit und eure Stabilität liegen in eurer direkten Beziehung zu Gaia und eurer inneren Schöpferkraft. Wenn ihr in eurem Kern-Selbst geerdet seid, könnt ihr den Sturm überstehen, selbst wenn ihr in der physischen Welt entwurzelt werdet. Ihr könnt externe Kräfte, Menschen oder Bedingungen nicht kontrollieren, aber ihr könnt kontrollieren, wie ihr auf diese Bedingungen reagiert. Wenn ihr in der Lage seid, euch in eurem eigenen Kern-Selbst zu erden und nach innen gerichtet zu sein, gewinnt ihr durch diese Reaktion die Kontrolle über eure spirituelle Marschrichtung. Ihr könnt euren Schwung nach vorne aufrechterhalten, egal wer oder was euch stört oder versucht, euch von eurem wahren Weg abzubringen. Wenn ihr wisst, wer ihr seid und euch selbst treu seid, gewinnt ihr Kraft und Energie, um unbeschadet durch die ernsthaften Herausforderungen dieser jetzigen Zeit zu navigieren. Das

Ziel ist es, auf Kurs zu bleiben, weiterhin in Richtung Licht zu marschieren und nicht zuzulassen, dass externe Kräfte oder andere Menschen negative Kräfte anwenden, um euch von dem abzubringen, von dem ihr wisst, dass es für euch selbst wahr und gut ist.

æ Gaias Gitternetz æ

Merksam: Bitte berichte mir mehr über das energetische Gitternetz, welches über dem Planeten Erde gespannt ist.

Electra: Jede Realität und Dimension wird von einem komplexen Energienetz aufrechterhalten. Die Art der Realität hängt von ihrer Frequenz und Schwingung, ihrer Aufladung ab. Diese kann negativ, positiv und sogar neutral sein. Euer Planet Gaia und alle Ereignisse auf ihm, werden von diesem komplexen Energienetz regiert. Sie werden von diesem Raster regiert, das sich aber ständig ändert. Während sich dein Bewusstsein entwickelt, wahrend du in menschlicher Form bist, steigt bzw. verändert sich deine Schwingung und deine Frequenz. Wenn deine Frequenz bzw. Schwingung einen bestimmten höheren und stabilen Punkt erreicht hat, beginnt sie, eine stärkere Wirkung auf das gesamte komplexe Energienetz zu haben, das die Realität für alles und die fühlenden Wesen um dich herum aufrechterhält. Das 3D „Netz" arbeitet mit einer Reihe von Frequenzen, die, sobald die Beschränkungen dieser Frequenzen auf die höhere Seite von genügend Menschen überschritten wurden, die Frequenz automatisch zu 4D übergeht. Wenn eine stabilisierte 4D-Frequenz für Gaia aufrechterhalten würde, ändert sich auch das universelle Gesetz in Bezug darauf, was sich am Planeten abspielt und welche Fähigkeiten von bestimmten Seelen genossen werden können. Wenn ihr also im Bewusstsein und in der Frequenz wächst, beeinflusst dies natürlich auch die gesamte Frequenz von Gaia, sowie das komplexe Energiegitter rund um sie. Es geht über von einer 3D-Frequenz zu einer 4D-Frequenz und schließlich zu 5D. Seit eurem Schicksalsjahr 2020 begann der Übergang vieler Menschen von 3D in 4D, was zahlreichen erwachten Menschen zu verdanken ist. Dieser Übergang ist aber bei weitem noch nicht abgeschlossen, denn noch ist der Großteil eures Planeten fest in 3D verankert. Einige von euch hatten aber sogar schon 5D-Reisen, um Erfahrungen und Wissen über diese höhere Frequenz zurückzubringen, um andere zu unterstützen und voranzubringen, näher an 5D. Alles, was über das alte komplexe 3D-Energiegitter erzählt wurde, gilt nicht mehr für das neue 5D-Gitter. Die heilige Geometrie des Gitternetzes von Gaia gilt nicht mehr für das 5D-Gitternetz, von dem ihr aber ohnehin noch weit entfernt seid. Das 5D-Gitter arbeitet mit einer anderen Geometrie, die weit über die Kräfte der „herkömmlichen" Ley-Linien hinausgeht. Dies liegt daran, dass sich die gesamte dynamische Struktur eines bestehenden Gitters stark verändert, um eine Realität mit einer höheren Frequenz aufrechtzuerhalten. Das bedeutet, dass alte 3D-Ley-Linien nicht mehr an den gleichen Stellen auf Gaia sein werden und dass eine völlig neue Reihe von Kraftlinien entstehen werden, die 5D-Anker enthalten. Das 5D-Gitter, unter dem ihr irgendwann einmal alle wohnen werdet, wenn ihr euch dazu entscheidet auf Gaia weiter zu inkarnieren, wird dann ausreichen, um euch und alles gegenwärtige Leben auf ihr nur mit Kraft der Sonnenenergie zu erhalten. Man spricht dabei auch von Lichtnahrung. Wenn sich Bewusstsein und Frequenz erhöhen, wird es immer mehr mit 5D kompatibel, und daher entstehen überall auf Gaia bereits jetzt 5D-Zeitlinien. Diese sorgen natürlich manchmal für Verwirrung und ihr könnt dies erkennen, wenn sich erhöhte energetische Aktivität zeigt, die ihr momentan noch als paranormale oder übersinnliche Ereignisse bezeichnet. Jeder von euch hat aber dazu beigetragen, diesen Übergang zu ermöglichen. Es gibt auch einige unter euch, die dafür verantwortlich waren, den Grundstein für diesen Übergang zu legen. Meistens sind dies tapfere, erwachte Lichtarbeiter. Diese lernten und trainieren unbewusst und bewusst auf höheren göttlichen Ebenen, während sie noch immer in menschlicher Form sind, um anderen Menschen und der Menschheit als Ganzes zu helfen. Meistens ist dies ihre letzte Inkarnation auf Gaia bzw. in physischer Form. In ihrem nächsten Leben entscheiden diese Lichtarbeiter sich in der „niedersten“ Form des Engelsreiches zu „inkarnieren“, meist als Schutzengel. Denn auch in diesen Reichen gibt es natürlich eine Hierarchie. Je ermächtigter sie aber schließlich werden, durch die Hilfe an anderen Wesen, desto stärker steigt Ihre Frequenz und werden dann schließlich stabilisierende Frequenzen des 5D-Gitters. Dies ermöglicht es wiederum anderen Wesen, die noch in 3D oder 4D verweilen, ebenso leichter aufzusteigen. Je stärker du wirst und je mehr du erwachst und deine Frequenzen erhöhst, desto nachhaltiger wird eine vollständige 5D-Existenz sein. Ihr beeinflusst das Energienetz auf verschiedene Weise, geistig, körperlich und spirituell. Der ganze Einfluss, den ihr haben könnt, wird aber zum Glück für euch, immer von höheren Geistwesen überwacht. Abgesehen davon habt ihr die Fähigkeit, eure Energie bewusst auf jeden bestimmten Punkt auf Gaia zu lenken und zu fokussieren. Deswegen sind Massenmeditationen so effektiv. Eure Absicht wird dabei von euren reinen Lichtherzen kommen, hin zu allem, was gut für die Menschheit ist. Dies ist eine kollektive Anstrengung, um die gesamte Frequenz von Gaia noch einmal höher zu heben. Ihr wisst jetzt also, dass ihr alle das komplexe Energiegitter von Gaia beeinflusst, das bestimmt, welche dimensionalen Ebene ihr als Ganzes genießt. Nutzt dieses Wissen weise!

ש Die dritte Welle ש

Merksam: Woran liegt es, dass zurzeit so viele Seelen am Planeten Erde inkarniert sind und was hat es mit der dritten Welle an Seeleninkarnationen auf der Erde auf sich?

Electra: Die Erde ist im Umbruch, nichts wird bald mehr wie zuvor sein. Diese Gelegenheit nutzten zahlreiche Seelen unzähliger Planeten, um in den vergangenen Jahrzehnten auf Gaia zu inkarnieren. Die dritte Welle allerdings, ist die Seelen-Welle der Zukunft, also des neuen goldenen Zeitalters. Diese lang erwartete dritte Welle jungfräulicher

Seelen inkarniert nun endlich auf der Erde. Tatsächlich sind die meisten Seelen, die sich heute inkarnieren, dritte Wellen oder ihre Vorläufer, um den nächsten Schritt in der Evolution und Erweiterung des menschlichen Bewusstseins vorzubereiten und voranzutreiben. Die ersten paar Vorläufer kamen vor ungefähr 100 Jahren als „Späher“ an, um Vorbereitungen für die dritte Welle zu treffen. Ihre Talente waren vielfältig und deren Aufgaben sehr zielorientiert. Ab etwa eurem Erdenjahr 1940 wurden diese Seelen mit ihren besonderen Talenten als Indigo-Kinder bekannt und begannen in größerer Zahl anzukommen. Die Indigos kamen, um sich auf die Ankunft der dritten Welle Jungfräulicher Seelen vorzubereiten, die noch nie zuvor auf der Erde waren. Alle Indigos haben nur wenig Karma aus früheren Leben zu bewältigen, und sie haben Mut und viele Talente. Kurz vor Beginn eures neuen Jahrtausends begann schließlich die dritte Welle der jungfräulichen Seelen anzukommen und wurden Regenbogen-, Kristall- oder Sternensaat-Kinder, sowie viele andere Namen genannt. Zuerst kam ein kleines „Rinnsal“, aber seit ca. 2010 kommen sie in viel größerer Zahl und nutzen jede Gelegenheit, um sich zu inkarnieren. Wobei sie hauptsächlich erwachsene Indigos als ihre Eltern verwenden. Was es der dritten Welle jungfräulicher Seelen ermöglichte, auf die Erde zu kommen, waren die strengen Beschränkungen, die Seelen auferlegt wurden, die aus den unteren Reichen des Jenseits reinkarnierten. Die dritte Welle hat keinerlei karmische Belastung oder Rechenschaftspflicht gegenüber den Erddimensionen oder anderen Erdbewohnern, sie sind alle jungfräuliche Seelen. Sie sind oft inkarnierte Engel, so wie es sowohl bei der ersten als auch der zweiten Welle der Fall war. Sie werden jedoch alle mit einem „eingebauten“ moralischen Kompass geboren, weil der „Schleier“ der Vergesslichkeit, den andere Seelen haben, „in zwei Teile gerissen“ ist. Dies ermöglicht ihnen eine klare Erinnerung an jedes bisschen Lernen aus vergangenen Erfahrungen in anderen Dimensionen und aus dem höheren Bewusstsein. Sie beobachten seit Hunderten von Jahren die Erde und ihre Menschen und Systeme. Sie sind auch gegenüber Fremden völlig furchtlos. Regenbogenkinder repräsentieren aufgrund ihres erweiterten Bewusstseins die nächste Stufe der menschlichen Evolution. Sie alle sind wahre spirituelle Giganten. Sie haben den Überblick über das große Ganze. Sie spüren es instinktiv, wenn Menschen sie betrügen und anlügen, aber sie spüren auch echte Freundlichkeit. Sie spüren die wahre Einstellung der Menschen. Diese Gabe, wie auch viele ihrer anderen Gaben, offenbart sich normalerweise, wenn sie älter werden. Ihre Begeisterung zeigt sich in ihrer Kreativität. Die Regenbogenkinder sollen die Erbauer des goldenen Zeitalters sein, indem sie den göttlichen Willen einsetzen. Sie sind furchtlos und reine „Geber“, die bereit sind, die Bedürfnisse der Menschheit zu erfüllen. Sie haben viel Empathie und besitzen die Fähigkeit zu erkennen, was andere denken und fühlen. Sie sind einzigartig in ihrer Sicht der Dinge und werden sich nicht anpassen, um in eine kaputte Gesellschaft zu passen. Sie besitzen Weisheit und ein hohes Maß an Bewusstsein,

„weit über ihre Jahre hinaus". Der Lebenszweck der Indigos ist es, das Bewusstsein für die alten Systeme zu schärfen, die nicht mehr funktionieren und deren Ungerechtigkeit aufzudecken und sich stark für Veränderungen einzusetzen. Sie besitzen eine geringe Toleranz gegenüber Menschen und Systemen, die täuschend sind und nicht authentisch, sowie einer Abneigung gegenüber faulen und unfähigen Menschen, die ohne Grund große Autorität haben. Die Regenbogenkinder werden versichern, dass die Menschheit, also alle erdgebundenen Seelen, die menschliche Körper benutzen, sich bald wieder bis zu einem gewissen Grad ihrer wahren Fähigkeiten bewusst werden. Seit dem Fall von Lemuria und Atlantis musste die Menschheit durch die rohe Körperlichkeit reisen, mit Ego, Abgeschiedenheit und Egoismus, um ihre Destruktivität und Sinnlosigkeit zu erfahren und verstehen zu lernen. Diese Periode erreicht jetzt gerade ihren Höhepunkt, in der der Egoismus und die Grausamkeit für viele ganz offensichtlich geworden ist. Jetzt, da der Wandel im vollen Gange ist, befindet ihr euch in einer Zeit, in der die Bewusstseinsebene der ankommenden Seelen der dritten Welle und ihre enge Beziehung zur schöpferischen Kraft euch erneut lehren wird, diese Segnungen des vollen Bewusstseins wiederzugewinnen. Bevor ihr befürchtet, dass die Menschheit diese neuen Möglichkeiten abermals missbrauchen wird, erinnern wir euch aber daran, dass viele erleuchtete Seelen, diese dritte Welle anführen und den Weg für diese Wiedergeburt schützen. Hinzu kommt auch noch, dass die meisten die Macht der physischen Welt und ihrer Anführer überschätzen. Die unsichtbaren, „himmlischen“ Kräfte haben viel größere Macht und werden die Dunkelheit und den Egoismus der Welt überwinden und mit einer Erleuchtung durchbrechen, die dieses Reich Gaias für Tausende von Jahren verändern wird. Die in eurer Bibel symbolisch beschriebene sogenannte Schlacht von Armageddon begann im Schicksalsjahr 2020, als eure Freiheiten abrupt genommen wurden. Es ist kein Krieg auf der Erde, wie viele fälschlicherweise denken. Es ist ein spiritueller Kampf zwischen den sogenannten „Kräften des Lichts“ und den „Kräften der Finsternis“. Der Grund für diesen Kampf ist das letzte Aufbäumen der Mächte der Dunkelheit. Die Mächte des Lichts hingegen, unterstützen den nicht mehr aufzuhaltenden Wandel, indem sie verhindern, dass Seelen aus den unteren Reichen des Jenseits, wieder auf der Erde inkarnieren. Seelen mit niedrigen Schwingungen, die egoistisch, getrennt und böse sind und eine große karmische Belastung aus früheren Leben haben, können jetzt nicht mehr so einfach in den physischen 3D-Bereich der Erde eintreten. Indem Seelen aus den niederen Reichen des Jenseits an der Reinkarnation gehindert werden, dürfen nur erleuchtete Seelen mit wenig oder keiner karmischen Rechenschaftspflicht inkarnieren. Hauptsächlich Indigos und die jungfräuliche dritte Welle treten jetzt in den 3D-Bereich ein. Das Endergebnis wird der Sieg über die Mächte der Dunkelheit bedeuten und eine Welt des Friedens und der Erleuchtung sein. Ein neues goldenes Zeitalter, in dem alle demütigen, freundlichen, mitfühlenden und liebevollen

Menschen schließlich vollständig bewusst werden, und den Himmel auf die Erde bringen. Das ist das Ziel. Mit anderen Worten, guten Menschen wird die Chance gegeben, sich selbst zu perfektionieren und spirituelle Perfektion zu erreichen, ohne die Last selbstsüchtiger, egoistischer Missbraucher, irreführender Schriften und giftiger Ideologie, die sie ausnutzen und ihre spirituelle Entwicklung aufhalten. Nach einer langen Zeit der positiven Entwicklung auf Gaia, wird es Seelen aus den niederen Reichen des Jenseits erlaubt sein, wieder auf der Erde zu reinkarnieren. Dann können sie aber keinen Schaden mehr anrichten, denn ihnen wird dann von allen aufgestiegenen Seelen geholfen werden, ihr negatives Karma zu bewältigen. Wie ihr alle mittlerweile wisst, wird eure physische Welt derzeit hauptsächlich von selbstsüchtigen und gierigen Kontrollinstanzen der Dunkelmächte kontrolliert. Sie haben die Kontrolle, einfach, indem sie die vielleicht weniger bewussten, aber guten, freundlichen, vertrauensvollen und liebevollen Menschen täuschen und benutzen. Ein weiterer Grund, warum die Mächte der Dunkelheit weiterhin die Kontrolle haben wollen, und so darum kämpfen an der Macht zu bleiben, ist folgender: Die „Tore“ zu der jeweils nächsten Reinkarnation, sowohl für helle, als auch für dunkle Seelen, werden von den „Wächtern“ kontrolliert. Diese Wächter sind Erzengeln, die von höherem Bewusstsein und Liebe durchdrungen sind und die egoistischen Seelen daran hindern, in die physische Welt zurückzukehren. Indem sie nur die Indigos mit wenig Karma und die dritte Welle jungfräulicher Seelen eintreten lassen, hindern sie dunkle Seelen daran zu reinkarnieren. Die Wächter unterscheiden zwischen Seelen, die es geschafft haben, selbstlos und freundlich zu sein, und solchen, die dies nicht getan haben. Die Selbstsüchtigen werden gezwungen sein, ihren Egoismus und Narzissmus auf ziemlich unangenehme Weise loszuwerden, bevor sie wieder von vorne anfangen dürfen. Dies führt natürlich zu Konflikten und deswegen kämpfen die dunklen Mächte der Erde so und treiben Technologien an, die sie „unsterblich" machen sollen. Was dunkle Seelen nicht durch Demut, Bescheidenheit und Weisheit lernen wollten, müssen sie leider jetzt durch Schmerz und Leiden in den untersten Dimensionsschichten, mit den niedersten Frequenzschichten erlernen. In eurem Volksmund sind diese Bereiche auch als Inferno oder Hölle bekannt. Deren Bewohner sind u. a. niedere Bewusstseinskräfte und Seelen, die egoistisch, hasserfüllt, rachsüchtig, narzisstisch, gierig und eifersüchtig sind, die Macht über andere lieben, denen es an Reue und Empathie mangelt, die gerne bedient werden und sehr wenig proaktives Bewusstsein und Mitgefühl haben und daher kaum mehr inkarnieren dürfen. Gaia wird also von mehreren Gruppen mit unterschiedlichen Bewusstseinsebenen bewohnt, einige mit Mitgefühl und Liebe, die anderen dienen wollen, die selbstlos, harmlos, demütig, gerecht und liebevoll sind, und diejenigen, die andere kontrollieren wollen, die egoistisch, schädlich, gierig und selbstgerecht sind. Mit anderen Worten, wenn all die selbstsüchtigen und egoistischen Seelen ihren physischen Körper verlassen, werden ihre

Seelen für die kommenden Äonen keine Gelegenheit mehr bekommen, sich zu reinkarnieren. Sie werden sich in totaler Frustration, in einem Zustand der Dunkelheit befinden, mit viel Zeit, um zu reflektieren und sich an all die Dinge zu erinnern, die sie in der physischen Welt getan, gesagt und gedacht haben. Sie müssen all die negativen Gefühle, die sie bei anderen Menschen hervorgerufen haben, selbst erleben und ihre niederen, dunklen und selbstsüchtigen Gedanken, ihre hasserfüllten gesprochenen Worte und ihre bösen Taten am eigenen Leib verspüren. Aber am schlimmsten, sie werden es gemeinsam mit anderen entstellten Seelen zusammen tun. In den Abgründen jenes Raumes, den ihr Menschen der Erde die Hölle nennt. Auf der gleichen Ebene, mit gleichgesinnten selbstsüchtigen Seelen, und das kann ich versichern, ist die wahre Hölle. In eurer jetzigen Übergangszeit werden diese Seelen noch eure 3D-Welt beherrschen, und bevor die letzte der selbstsüchtigen Seelen die Erde verlässt, wird es Weltereignisse geben, die nur als „apokalyptisch" bezeichnet werden können. Es wird eine Zeit der Reinigung sein, die viele natürliche, aber auch von Menschen verursachte Katastrophen wie Kriege, wirtschaftliche Zusammenbrüche und schreckliche gesellschaftspolitische Unruhen mit sich bringt. Der Hauptunterschied zwischen der Zeit von Lemuria und Atlantis und eurer jetzigen Epoche besteht darin, dass diejenigen, die nicht frei von ihrem Karma sind, frei von der Notwendigkeit, wiedergeboren zu werden, keinen Körper haben werden, zu dem sie zurückkehren können, nachdem sich die Erde im goldenen Zeitalter verändert hat. Jede Seele, die sich seit der dritten Welle inkarniert hat, ist als Seelengruppe spirituell weiter fortgeschritten. Es gibt einfach keine selbstsüchtigen oder bösen Seelen unter ihnen, wenn sie geboren werden, wie es früher immer der Fall war. Bei all der Getrenntheit und dem Egoismus, den ihr heute in der Welt sieht, dürft ihr daher die Hoffnung nicht aufgeben. Es gibt Gerechtigkeit. Auch wenn ihr völlig angewidert und desillusioniert seid, kann ich versichern, es ist Licht am Ende des Tunnels zu sehen, und dieses Licht ist so grell, dass ihr alle wieder aufblühen werdet, gemeinsam in den warmen Strahlen der Schöpferkraft.

þ Die Wahrheit über Religion þ

Merksam: Was ist aber mit der Religion, brauchen wir diese dann überhaupt noch?

Electra: Nur insofern, als sie ein gewisses moralisches Grundgerüst bietet. Und dies ist wichtig, denn ihr könnt gut sehen, was in Industrienationen passiert, wo es generell an „Religion" mangelt. Dort greift eine giftige Ideologie nach der anderen über, und dies zerstört schlussendlich dann auch eine Zivilisation. Religion ist manchen auch eine Hilfe in diesen schwierigen Zeiten, doch sie birgt auch viele Gefahren, weil sie euch nicht alles erklärt und vieles verschweigt, beziehungsweise manch spirituelles Wissen falsch auslegt. Sie ist oft nur ein Machtinstrument. Bedenke bitte immer Folgendes: Du bist in dieser physischen Welt beheimatet, aber du bist nicht von dieser physischen Welt.

Wir alle stammen aus der geistigen Welt. Ihr seid keine Menschen, die eine spirituelle Erfahrung machen, ihr seid spirituelle Wesen, die eine menschliche Erfahrung machen. Die erwähnte dritte Welle hat die Gesetze der Schöpferkraft in ihren Herzen und ihrer DNA einprogrammiert. Sie brauchen keine Mittelsmänner wie Priester, Lehrer, Evangelisten, Politiker, Leiter oder sonst welche künstliche Autoritätspersonen. Ihre spirituelle Intuition und Einsicht sind ein inneres Wissen und unerschütterlich. Es wird eine neue Ära der Erleuchtung und des Friedens sein, wenn sich die Göttlichkeit in allen Menschen vollständig auf der Erde manifestieren wird. Die Vereinigung des Menschlichen mit dem Göttlichen ist das ultimative Ziel aller und ist für alle erreichbar, wenn sie genügend Zeit haben. Denkt immer daran, dass jedes Bewusstsein, das sich auf dieser physischen Ebene manifestieren möchte, dies über einen physischen Körper tun muss. Wenn sich also das höchste Bewusstsein der göttlichen Hierarchie auf dieser Ebene manifestieren wollte, müsste es einen Teil seines universellen Bewusstseins in einen physischen Körper senden, wie die Geschichte von Jesus. Denkt an die Analogie, einen Raumanzug im Weltraum zu tragen, oder einen Tiefseetaucheranzug, wenn man sich auf dem Grund des Ozeans befindet. Mit anderen Worten, um sich angemessen und sinnvoll auf der physischen Ebene zu manifestieren, muss ein Bewusstsein, also eine Seele, eine erkennbare physische Manifestation besetzen, das heißt einen physischen menschlichen Körper. Die ganze

Menschheit hat daher das gleiche Potenzial, wenn sie es nur wollte. Die Schöpferkraft ist das universelle Bewusstsein, das für alle verfügbar ist. Sie ist tief in unserem eigenen Geist als universelles Bewusstsein vergraben, aber für viele eben noch nicht verwirklicht. Vergesst all die nutzlosen Strukturen, bizarren Rituale, Symbole, albernen Traditionen, lustigen Gewänder, seltsamen Frisuren, eigenartigen Hüte und anderen religiösen Firlefanz eurer Religionen. Diese Attribute verstärken bloß die Trennung eurer Menschlichkeit von der Spiritualität. Religionen ohne Werte oder mit falschen Werten, so nützlich sie auch für einige wenige sind, scheinen den Menschen bloß zu verführen und an die falschen Dinge zu glauben. Seid einfach freundlich, mitfühlend und liebevoll. Die Menschheit wird sehr, sehr bald den großen Tag der Abrechnung erleben. Erkennt also, dass ihr alle bereits gerettet wurdet, und ihr habt euch selbst gerettet, weil ihr dazu bestimmt wart, euch selbst zu korrigieren, ebenso wie der Rest des Universums des Schöpfers. Keine Religion oder Schrift kann dich retten. Der Retter ist das universelle Bewusstsein, das tief in jeder einzelnen Seele vergraben ist. Richtig ist zu helfen und freundlich zu sein. Falsch ist nicht nur, jemanden zu verletzen, sondern auch nicht zu helfen, wenn man kann. Darum geht es auch im goldenen Zeitalter.

ɰ Der Dimensionswechsel ɰ

Merksam: Kann das Kommen des goldenen Zeitalters noch verhindert werden? Zum Beispiel durch negative Wesen? Oder ist es unausweichlich?

Electra: Das Goldenes Zeitalter taucht nicht einfach aus dem Äther auf. Es ist aus den Absichten von tausenden von Seelen entstanden, die den Wunsch haben, in eine höhere Dimension des Bewusstseins vorzudringen. Viele von euch sind jetzt dabei, verwandte Seelen auf der ganzen Welt zu finden, damit ihr euch zusammenschließen könnt, um individuell und kollektiv als ganzer Planet euren nächsten Dimensionswechsel zu erschaffen. Alle kosmischen Energien, die auf euren Planeten strömen, sind hier, um euch dabei zu helfen, eure nächsten Schritte zu unternehmen, um ein neues goldenes Zeitalter auf der Erde mitzugestalten. Tausende und Abertausende von euch erinnern sich jetzt daran, dass ihr hier seid, um ein bewussterer Teil der Miterschaffung eures nächsten Daseinszyklus zu sein. In der Morgendämmerung eurer neuen individuellen und kollektiven Möglichkeiten, das Bewusstsein der Menschheit aus den Grenzen ihrer begrenzenden dreidimensionalen Matrix herauszubewegen, beginnen all eure unnötigen Erinnerungen wegzubrennen, um Platz für das neue goldene Zeitalter zu machen. Während ihr immer mehr von eurer Meisterschaft verkörpert, habt ihr die Möglichkeit, andere zu inspirieren, aktivere Teilnehmer an ihrem eigenen Erwachen zu werden und Unerwachte aus ihrem

Tiefschlaf zu entreißen. Ihr alle seid Teil davon, die Herzen und Gedanken der anderen für die Möglichkeiten zu öffnen, die während eures entscheidenden Wandels der Zeitalter vor euch liegen. Eine neue Welt taucht nicht einfach aus dem Nichts auf, ihr erschafft sie tatsächlich jeden Tag, indem ihr eure Aufmerksamkeit, eure Gedanken, eure Gefühle und das, was ihr anderen mitteilt, darauf richtet und wie ihr auf das reagiert, was euch mitgeteilt wird. Dazu gehört auch, was ihr in euren Massenmedien mitbekommt. Die Schöpfung hat keinen Anfang und kein Ende. Denn wohin auch immer ihr eure Aufmerksamkeit richtet, dort ist euer Bewusstsein, und das ist es, wovon ihr mehr und mehr in eurer Welt erschafft und in das kollektive Bewusstsein der Menschheit einbringt! Ihr Lichtarbeiter seid jetzt jenseits der Schwelle eurer alten „Zeitperiode" und bereits sehr gut innerhalb des Lichts und der Liebe verankert. Das Licht und die Liebe werden euch buchstäblich in euer größeres Potenzial hineinziehen, um einen wirklichen Unterschied in der Welt zu machen. Jeder einzelne von euch ist herzlichst dazu eingeladen, ein lebendiges Beispiel dafür zu werden, wie man aus dem Bewusstsein seiner eigenen Gedanken eine Gottespräsenz erschaffen kann. Egal, was in der Welt um euch herum vor sich geht. Während ihr euch mit eurer Präsenz ausrichtet, werdet ihr auch sozusagen galaktische Abgesandte auf der Erde, die höheren Reichen dienen. Und wir Plejadier sind immer hier, um euch bei euren Schöpfungen zur Wiederherstellung des Paradieses auf Erden zu unterstützen. Eure bewusste Teilnahme an der Erschaffung eures nächsten Zyklus ist auch Teil des Fortschritts eurer Erde durch den Kosmos. Ihr alle geht mit ihr durch energetische Einweihungen, die euren Worten und Taten viel mehr Licht, Weisheit und authentische Kraft verleihen. Während sich Gaia immerfort weiterdreht, bewegt sich jeder von euch in eine größere Ausrichtung mit seinem erweiterten Potenzial, um eure neue Welt mitzuerschaffen. Die große Zentralsonne überschüttet euch mehr denn je mit Lichtpartikeln. Wir können euch sagen, dass ihr auch schon frühere goldene Zeitalter gekannt habt. Doch deren Existenz wurde aus euren Geschichtsbüchern getilgt. Aber die Erinnerungen daran, werden jetzt stimuliert werden, basierend auf der Zunahme des Lichts, das jetzt dabei hilft, die alten kristallinen Stränge eurer DNA zu öffnen. Während sich euer Bewusstsein weiter öffnet, werdet ihr anfangen, euch daran zu erinnern, wie ihr einst schon einmal an der Erschaffung von Zivilisationen des ersten goldenen Zeitalters beteiligt wart und wie ihr einst Teil dieses Königreichs wart, das wie ein Paradies war. Während ihr weiter vom alten Paradigma zum neuen Paradigma übergeht, erinnert euch daran, dass ihr diejenigen seid, die erschaffen, was ihr in eure neue Welt bringen wollt. Ihr bewegt euch jetzt durch eine göttliche Passage, die euch buchstäblich mit dem Licht und der Liebe erfüllt, die ihr jetzt nutzen könnt, um bewusst damit zu beginnen, das neue goldenes Zeitalter auf der Erde zu erschaffen.

∂ Goldenes Zeitalter ∂

Merksam: Was kann ich von einem erleuchtenden Zustand im goldenen Zeitalter am meisten erwarten? Ich meine, wie profitiert man davon, und was wird dadurch alles besser?

Electra: Erleuchtende Energien öffnen die Intuition und erwecken übersinnliche Fähigkeiten. Erleuchtung stärkt die eigene Kraft und hält den Körper bis ins hohe Alter gesund. Es gibt unzählige Vorteile. Erleuchtung ist etwas, das jeder will, egal was sein Glaube ist. Erleuchtung geschieht bei Einzelnen, aber auch in Gruppen, in ganzen Regionen und letztlich auf einem ganzen Planeten. Jeder „stimmt" über die Gesamtfrequenz seines Planeten ab, mit seinen täglichen Entscheidungen und einfach dadurch, wer er ist. Menschen erzeugen kontinuierlich Frequenzen durch ihre Gedanken, Handlungen und Gefühle. Die Grundfrequenz der Erde entspricht der durchschnittlichen Frequenz von allem. Die größte Menge an Frequenz wird zum „dominierenden Lied", an dem die Massen dann mitgezogen werden. Der gesamte Schwingungszusammenfluss der Erde gleicht einem nicht eingestimmten Orchester, bei der größere Mengen an Schwingungen dominieren. Die höhere Lautstärke einer bestimmten Frequenz überwindet oder nimmt irgendwann eine andere mit. Ihr müsst also überlegen: Welche Schwingungen spielt die Welt und erreicht man dadurch Erleuchtung? Die Schwingungen auf dem Planeten beeinflussen die Stimmung der Menschen, so wie Musik traurig oder fröhlich schwingen kann. Die Schwingungen verändern die Frequenzen der Menschen. Wenn man für Menschen in einem vom Krieg heimgesuchten Gebiet betet, ist das Gebet ein Hinzufügen einer positiven Schwingung. Wenn man in Liedform oder in Mantraform betet, werden diese Schwingungen nur noch verstärkt. Klang oder Ton verstärkt immer die Kraft eurer Gebete und Absichten. Der Einfluss von Vibrationen wirkt in beide Richtungen. Äußere Energien beeinflussen dich und deine Schwingungen beeinflussen andere. Alles an dir, deine Gedanken, deine Gefühle, deine Handlungen und sogar deine Gesundheit, sind Teil des globalen Schwingungsenergiepools. Die stärkere Schwingung überwindet die schwächere. Frag dich also immer, was dein persönlicher Beitrag zum globalen Schwingungspool ist. Leider ist das öfters nicht so einfach. Aber eure Defizite und Energieeinbrüche sind nicht nur bloß eure, sie ziehen auch andere mit herunter. Wie du also sehen kannst, musst du gar nicht versuchen, die Welt zu verändern, sondern du musst nur dich verändern. Wenn du es geschafft hast, vollkommen zu erwachen und zu erleuchten, so hast du schon den bestmöglichen Dienst an der Menschheit getan.

Ю 5D Integration Ю

Merksam: Was tue ich, wenn ich mich energetisch festgefahren fühle?

Electra: Dafür gibt es einen Grund, der darin besteht, wie man Licht und Energie empfängt. Euer Fokus auf euren physischen Körper und eure Emotionen beruht teilweise auf dem Glauben, dass dies alles ist, was ihr seid, also ein physischer Körper, der die Welt durch seine Emotionen erfährt. Aber Menschen haben wesentlich mehr zu bieten, wie ihr bereits wisst und genauso wie eure DNA mehr zu bieten hat als bloß eine zweisträngige Doppelhelix. Ich kann es gar nicht oft genug sagen, dass ihr göttliche Wesen seid, die in einer materiellen Welt leben, und ihr seid auch Energiebehälter und Energieempfänger. Und das ist der Teil von euch, der jetzt im Zeitenwandel sehr aktiv wird. Was bedeutet, dass ihr jetzt fähig seid, so viel Energie wie möglich zu erhalten und energetischen Raum für wahre Kraftakte halten könnt. Ihr möchtet am liebsten einen großen Sprung zum Ende der 4D-Ebene machen und euer 5D-Wesen sofort annehmen. Ihr wollt sozusagen sofort das Unmögliche feiern und einfach so weitermachen. Und obwohl dies sehr schön wäre, ist es dennoch nicht Teil des Prozesses. Jeder Schritt, den ihr in Richtung einer vollständigen 5D-Integration in eurem eigenen Leben unternehmt, erfordert, dass ihr diese Menge an 5D-Energie auch erhaltet, um dies zu ermöglichen. Was auch immer für Aspekte eures 3D-Wesens ihr in die 5D-Integration überführt, es erfordert, dass ihr euch in beiden Dimensionen befindet. Für manche ist das einfach, für andere fast unmöglich. In deinem Fall, liebe Merksam, fühlst du dich festgefahren und das ist normal so. Da ihr auch Energiebehälter und Leuchtfeuer seid, seid ihr auch diejenigen, die allen ein Beispiel dafür sind, wie dieser Integrationsprozess funktioniert. Um dies effektiv zu tun, könnt ihr energetisch nicht so weit von jenen Menschen entfernt sein, die sich noch komplett in 3D befinden. Ihr Lichtarbeiter dient als Vorbild und es wäre nicht von Nutzen, wenn euch immer noch in 3D verankerte Menschen nicht sehen könnten. Ihr habt daher einen Fuß in beiden Welten, um selbst multidimensional zu sein. Also bleibt ihr, so wie in deinem Fall, irgendwo entlang der 4D-Brücke stecken und geht weiter, damit ihr anderen als Vorbild zeigen könnt, wie es geht. Beispiele dafür seht ihr überall um euch herum in der Verbreitung von beliebten Meditationsanleitungen oder anderen Beiträgen zur Selbsthilfe, die über eure sozialen Medien verteilt werden. Ihr sollt wisst, dass ihr niemanden zwingen könnt, seine Meinung über 3D zu ändern und diesen Sprung für ihn zu wagen, aber ihr könnt die Inspiration oder Motivation für seine Wahl werden. Und um das zu tun, müsst ihr an einem Ort sein, an dem man euch auch deutlich wahrnehmen kann und an dem man euch kontaktieren kann. Und dieser Ort ist nun mal in der 3D-Welt. Wenn du dich also festgefahren fühlst, nur langsam vorankommst oder auf der Stelle trittst, nutze diese Zeit, um so viel Energie wie nur möglich hereinzubringen und dich dort auszudehnen, wo du gerade bist. Denn nach Erhalt dieser Botschaften wisst ihr, dass ihr genau dort seid, wo ihr sein müsst und genau das tut, was ihr jetzt tun müsst. Es gibt keinen Grund, warum ihr nicht freudig, erfüllt und wohlhabend sein könnt, an dem Ort wo ihr euch gerade befindet.

૭ Selbstheilung ૭

Merksam: Wenn wir unsterblich sind, dann müssten wir doch auch unsere Körper mit Energie selbst heilen können, oder?

Electra: Absolut alles ist eine Energiewelle und es finden viele neue Energien auf der Erde statt. Ihr habt euer Bewusstsein verändert, aber ihr verwendet immer noch alte Reflexionen, um eure Realität zu erschaffen. Fülle in allen Aspekten des Lebens ist aber in der neuen Schwingung viel einfacher zu erreichen, und das Vertrauen in eure Fähigkeiten wird sich in den kommenden Jahren bald auf ein großes Niveau steigern. Es werden einige Hindernisse und Herausforderungen vor euch liegen, aber erinnert euch, dass die folgenden Veränderungen in eurem Wesen gerade jetzt stattfinden, da alle Menschen ohne Übung in spirituellen Reichtum hineingeboren werden. Vibrierende Frequenzen bilden ein virtuelles Konstrukt, das euch denken lässt, ihr seid in einer physischen Welt, aber das seid ihr nicht. Ihr seid in einem Universum, das eine so gut entworfene Illusion ist, dass nur die höchsten Lichtwesen es als das sehen können, was es wirklich ist. Dies ist euer Schicksal, aber jetzt werdet ihr dieses Spiel namens Erde auf einem Niveau spielen, das noch nie zuvor gespielt wurde. Ihr spielt zwar immer noch mit dreidimensionalen Regeln in einer in Wahrheit fünfdimensionalen Welt, aber ihr lernt schnell, wie ihr den Übergang schafft, indem ihr Energien verschiebt. Denkt an alle Bereiche des Wohlbefindens, ob körperlich, geistig, sozial, Lebensstil, Moral, oder auch die spirituellen Aspekte des Lebens, sie alle sind von Energie umgeben und beeinflusst. Wie du denkst, fühlst und handelst, ist alles energetisch verursacht. Richtig oder falsch, schwarz und weiß, gut und schlecht, gibt es nicht wirklich, aber es sind feste Konzepte der Dualität, ohne die die 3D-Welt nicht existieren kann. Danach werdet ihr aber bald feststellen, dass alles ein Grauton ist. Das Wichtigste, was ihr jetzt tun könnt, ist das, was euch euer Herz „flüstert". Es wird nicht schreien, um eure Aufmerksamkeit zu erregen, also müsst ihr den Nachrichten, die ihr erhaltet, sehr genau zuhören. Ihr seid unsterbliche Seelen in einem physischen Gefäß, das sterblich ist. Es gibt aber ein Gleichgewicht des Wohlbefindens, das uns allen sicher ist. Alle haben einen gemeinsamen Schmerz, und ein Teil des Integrationsprozesses ist das Verständnis dafür, warum dieser Schmerz existiert. Krankheit ist nicht immer ein Zeichen dafür, dass etwas nicht stimmt. Um sich an die neue Energie zu gewöhnen, haben sich viele von euch entschieden, zuerst diese physischen Barrieren zu überwinden. Ihr wurdet darauf konditioniert, dass ihr euch alle auf natürliche Weise Krankheiten zuzieht und Medikamente einnehmen müsst, um sie zu heilen. Das ist aber nicht so. Irgendwann werdet ihr die ewige Natur eures Wesens erkennen und es genießen, eure Lasten abzulegen und aufzuhören, sich gegen Dinge zu verteidigen und zu schützen, von denen ihr glaubt, dass sie schiefgelaufen sind und wieder richtig gemacht werden müssen. Hier sitzen die meisten eurer Schmerzen. Ihr solltet wissen, dass ihr weder euren Planeten, noch irgendjemanden reparieren müsst und dass alles so ist, wie es sein sollte. Ihr werdet feststellen, dass eure unterschiedlichen Überzeugungen und Wünsche, genau dort sind, wo sie sein sollten. Wenn ihr das versteht, werden alle von euren Egos geforderten Reparaturen auch tatsächlich stattfinden, und dann werdet ihr verstehen, dass in Wirklichkeit nie etwas repariert werden musste. Ihr werdet jeglichen blockierenden Widerstand loslassen und euch selbst in einer stabilen Ausrichtung halten. Es wird ein großartiger Moment, in dem die Menschheit einfach sein kann, ohne etwas anderes sein zu müssen, ohne Zwang. Das ist es, wohin ihr geht, weil ihr göttliche Wesen des Lichts seid und Meister in diesem Spiel geworden seid, das ihr Erde nennt. Ihr müsst nicht länger zulassen, dass Angst und Widerstand euer Leben dem Schmerz aussetzt. Du entfernst dich davon und gehst einfach mehr zur Liebe über. Lebensenergie macht etwa 70% der gesamten feinstofflichen Energie aus und erhält den physischen Körper, den Geist, den Intellekt und das Ego. Es wird durch subtile Kanäle verteilt, die sich an speziellen Intensitätspunkten verbinden, die in eurem Volksmund als Chakren bekannt sind. Dies konstruiert den physischen Körper und den subtilen Körper, also den unterbewussten Geist, den Intellekt und das Ego. Es ist im ganzen Körper weit verbreitet und versorgt die Zellen, Nerven, Arterien, Lymphe usw. mit lebenserhaltender Energie. Einige Konzepte, die sich auf den subtilen Körper beziehen, werden teilweise von euren Wissenschaftlern verstanden, aber das Verständnis dafür ist nach wie vor sehr rudimentär. Das ändert sich jetzt. Spirituelle Energie, oder Kundalini-Energie ruht in einer Person, bis sie aktiviert wird. Diese Konzepte können mit eurer derzeitigen Technologie nicht gemessen werden. Diejenigen, die Meditation und spirituelle Prinzipien auf qualitativer und quantitativer Ebene praktiziert haben, wissen aber um die Prinzipien der Kundalini-Kräfte. Diese führen auf den richtigen Weg. Die Verschiebung der globalen Frequenzen und fünfdimensionalen Konzepte ermöglicht es jedoch der gesamten Menschheit, spirituellen Reichtum gleichzeitig und ohne die früher notwendigen Anstrengungen zu erwerben. In der Vergangenheit mussten die Menschen hart arbeiten, um spirituellen Reichtum anzuhäufen. Seit der dritten Welle an Reinkarnationen und auch der Indigokinder, ist es aber so, dass Menschen ohne Übung in spirituellen Reichtum hineingeboren werden. Diese Menschen haben ein großartiges Geschenk erhalten, welches es dieser Energie ermöglicht, aktiviert zu werden, indem sie einfach von jener Person umarmt wird, die dies wünscht. Dies führt bei anderen, noch nicht erwachten Menschen ebenso zu einem beschleunigten spirituellen Wachstum. Stelle dir kurz vor, deine 30 Billionen Körper-Zellen schaffen eine einheitliche Harmonie und bringen deinen Körper und deine Gesundheit und dein Wohlbefinden sofort wieder ins Lot. So funktioniert das. Wenn ihr beginnt den Schleier aufzubrechen, der viele von euch noch immer umgibt, werdet ihr erkennen, dass ihr einen gemeinsamen Schmerz auf diesem Planeten habt, und es nicht euer eigener Schmerz ist. Es ist ein Schmerz, der mit allem und jedem verbunden ist. Es gibt aber auch Schönheit in diesem geteilten Schmerz und jeder einzelne wird lernen, ihn durch energetische Harmonie als das zu sehen, was er ist und heilen können. Du wirst eventuell manchmal spezifische Körperschmerzen haben, von denen du dachtest, dass sie deine eigenen seien, aber sie sind tatsächlich Teil des kollektiven Schmerzes. Einmal angenommen, wird dieser Schmerz aufhören zu existieren. Du wirst diesen Schmerz loslassen, weil du seinen Ursprung verstehen wirst. Viele von euch werden auf eine Art und Weise von Schmerz und Krankheit geheilt werden, die ihr für Wunder halten werdet, aber es wird einfach das Wunder dessen sein, wer ihr wirklich seid, und nicht mehr. Was eure wissenschaftliche Studien auf diesem Planeten nicht angesprochen haben, ist die Kausalität. Sie haben viele verschiedene Methoden ausprobiert, um schlüssige Ergebnisse in ihrer wissenschaftlichen Forschung durch eine massenhafte Anzahl von blinden und zufälligen Studien zu erzielen, die als höchste Standards für wissenschaftliche Experimente gelten. Wir können euch sagen, dass es noch nie eine veröffentlichte wissenschaftliche Studie auf der Grundlage dieses Standards gegeben hat, die eine Kausalität jenseits der subatomaren Ebene identifiziert hat. Doch genau diese Ebenen bewirken, dass sich alles im physischen Körper so manifestiert, wie es sich manifestiert. 100% deiner Krankheiten basieren auf energetischen Komponenten in deinem Feld. Es gibt KEINE andere Krankheitsursache. Krankheiten sind in erster Linie dreidimensionale

Erfahrungen und werden aufhören zu existieren, wenn ihr lernt, in höheren Dimensionen zu bleiben, und das werdet ihr. Dies wird eine große Herausforderung für eure Wissenschaftler werden, da viele in den kommenden Jahren lernen werden, energetische Prinzipien als Kausalität zu berücksichtigen, bevor sie eine Studie beginnen. Ihr werdet alle anfangen, ein besseres Verständnis für die Wirkung energetischer Resonanz und die Auswirkungen auf alle physischen Dinge zu haben. Dies wird eure Wissenschaft revolutionieren und viele Hindernisse beseitigen, die die wissenschaftliche Forschung daran gehindert haben, auf dem Planeten voranzukommen. Die Physik und die Metaphysik werden sich bald verbinden. Du kannst nur das anziehen, was sich in deinem Schwingungsfeld befindet. Es gibt keine Erfahrungen, die ihr in physischer Form erhalten könnt, ohne sie aus einer Schwingungsperspektive anzuziehen. Dazu gehören die schrecklichsten Erlebnisse, aber auch die schönsten Erlebnisse. Ihr werdet lernen, Beziehungen und Erfahrungen so zu akzeptieren, wie sie wirklich sind. Menschen und Erfahrungen dienen als Reflexion, um euch etwas über euch selbst beizubringen. Wenn jemand etwas sagt, was dich beleidigt, liegt das daran, dass dein Schwingungsfeld ein Element enthielt, das angesprochen werden musste. Du wirst dann diesen Menschen anders sehen. Du solltest ihm dafür danken, dass er diese Reflexion und die Übertragung von Energie ist, die für dich notwendig war, um deine eigene Schwingung zu erkennen. Irgendwann werdet ihr diesen Menschen dafür ehren, dass sie in eure Leben gekommen sind und euch etwas beigebracht haben, was ohne deren Hilfe sonst ziemlich schwierig zu lernen gewesen wäre. Ihr werdet die Wirkung genießen, die alle Menschen auf euch haben, selbst diejenigen, die ihr jetzt für unausstehlich, unhöflich oder unsensibel haltet. Das sind vielleicht Eigenschaften, die du eventuell immer an dir selbst beurteilt hast. Fangt also an, eurem überheblichen Chef, euren allzu neugierigen Nachbarn oder unhöflichen Kollegen für das zu danken, was sie in euer Energiefeld einbringen, denn ihr habt sie aus einem bestimmten Grund in euer Leben gezogen und sie tun lediglich ihre Arbeit. Vielleicht ist einer der größten Siege, die die Menschheit erwartet, die Abkehr vom Polaritäts- oder Dualitätsbewusstsein. Es wurden auch Hierarchien gebildet, die weitere Grade der Trennung (gut, besser, am besten) schufen, in denen bestimmte Personen oder Ereignisse innerhalb dieses Kontextes streng beurteilt werden. Dies wird ebenso enden. Die gesamte Menschheit wird anfangen zu verstehen, dass alle Erfahrungen und Wahrnehmungen ihrer Natur nach neutral sind und es nur das Ego ist, das Wert auf „Gut gegen Böse“ oder „Richtig gegen Falsch“ legt. Diese Verschiebung wird Teil des großen Erwachens sein, das derzeit auf dem Weg ist. Ihr werdet anfangen, euch zu vereinen und einander als gleichberechtigt zu akzeptieren, und dies wird dann an eure Kinder weitergegeben, um nachfolgende Generationen von den Fesseln der Dualität zu befreien. Die Menschheit hat bereits begonnen, dieses Muster zu transzendieren. Lebenserfahrungen, die jetzt in extremer Polarität und

Vorurteilen betrachtet werden, werden als die natürliche Ordnung des eigenen Lebens betrachtet werden. In dieser Beobachtung präsent zu sein, indem man die Welt liebt, zulässt und akzeptiert, wird zu Freude, Glück und Erleuchtung führen. Der schwierige Teil ist vorbei. Jetzt müssen ihr „nur" noch eure Erwartungen ändern und die Fahrt genießen. Du bist ein göttliches Wesen des Lichts und deine wahre Natur wird bald alles sein, was du kennst. Das Tempo beschleunigt sich nun und die kommenden Veränderungen werden auch durch Verschiebungen in den Geldsystemen, der politischen Landschaft sowie Veränderungen in der sozialen und wirtschaftlichen Infrastruktur begleitet. Dies wird früher als später geschehen, aber du wirst es in deiner jetzigen Inkarnation noch erleben. Viele dieser Ereignisse werden gleichzeitig geschehen und wenn die größeren Zyklen beginnen, werdet ihr es wissen. Es wird schwierig sein, aber das ist die Zeit, um fokussiert zu sein und sich darauf zu konzentrieren, all das Gute zu sehen, das im Zeitalter der Ermächtigung kommen wird. Du bist ein wirklich ermächtigter Mensch und ich liebe dich dafür.

Merksam: Danke und Namaste liebe Electra, ich liebe dich auch.

Electra: Ich sage dir und allen, denen du diese Botschaft überbringst, ein herzliches Danke, dass ihr euch eurer eigenen evolutionären und erwachenden Reise widmet. Ich danke euch für alles, was ihr tut, während ihr euch öffnet, um alles durch die Reinheit der Liebe zu teilen und wieder zu verbinden! Strahle weiter mit deinem Licht, umarme die Großartigkeit und erkenne deine eigene Trennung an, um sich von ihr zu lösen.

Fortsetzung folgt

Printed in Poland
by Amazon Fulfillment
Poland Sp. z o.o., Wrocław

10199821R00139